全国技工院校现代物流专业教材（中级技能层级）

货物养护作业实务

人力资源社会保障部教材办公室组织编写

吕　芸　主编

中国劳动社会保障出版社

简 介

本书以仓储与配送活动的作业过程为导向，根据实际岗位所需的技能安排教学内容，主要内容包括货物分类与编码、货物包装与标志、货物检验、货物储存与养护、货物养护一般技术方法等。全书共分为5个模块18个课题，每个课题都配有技能训练，供学生同步练习。本书配有电子课件，可通过职业教育教学资源和数字学习中心（http://zyjy.class.com.cn）下载。

本书由吕芸任主编，许兆婷任副主编，商磊、姚娇娇、邱陈夏、孙妍参加编写。

图书在版编目(CIP)数据

货物养护作业实务/吕芸主编. --北京：中国劳动社会保障出版社，2019
全国技工院校现代物流专业教材. 中级技能层级
ISBN 978-7-5167-4178-8

Ⅰ.①货… Ⅱ.①吕… Ⅲ.①物流-货物运输-中等专业学校-教材 Ⅳ.①F252

中国版本图书馆CIP数据核字(2019)第208221号

中国劳动社会保障出版社出版发行
（北京市惠新东街1号 邮政编码：100029）
*
北京鑫海金澳胶印有限公司印刷装订 新华书店经销
787毫米×1092毫米 16开本 8.5印张 158千字
2019年10月第1版 2025年2月第2次印刷
定价：17.00元

营销中心电话：400-606-6496
出版社网址：http://www.class.com.cn

前　言

全国中等职业技术学校物流专业教材出版于2006年，并于2013年进行了首次修订和补充。近年来，随着经济的发展和技术的更新，物流行业已经进入新的发展阶段，物流企业对从业人员的知识水平和职业能力提出了更高的要求。为了适应这些变化，培养更加符合物流企业需求的中级技能人才，我们组织了一批教学经验丰富、实践能力强的一线教师和行业、企业专家，在充分调研的基础上，对现有教材进行了新一轮修订和补充。

本次修订和补充的教材包括《现代物流基础（第二版）》《物流设施设备（第三版）》《物流成本管理基础（第三版）》《商品检验与包装（第三版）》《采购基础知识与技巧（第三版）》《物流运输基础与实务（第三版）》《仓储基础知识与技能（第三版）》《配送基础知识与实务（第二版）》《物流信息技术（第二版）》《物流客户服务》《货物养护作业实务》和《叉车作业实务》。

本次教材修订和补充工作的重点主要体现在以下几个方面：

第一，突出教材的实用性。本着"学以致用"的原则，新版教材的结构和内容根据物流企业的工作实际进行了调整和更新，对操作性较强的课程，教材在编写中采用任务驱动或理实一体化的模式，突出对学生实际操作能力的培养。

第二，突出教材的先进性。新版教材根据物流行业的现状和发展趋势，尽可能多地体现新知识、新技术、新方法、新设备，以期缩短学校教育与企业岗位需求的距离，同时，严格执行国家最新技术标准。

第三，突出教材的易用性。新版教材充分考虑学生的认知规律，注重利用图表、实物照片和案例辅助讲解知识点和技能点，部分教材还配有操作视频，学生扫描相应二维码即可观看，为学生营造生动、直观的学习环境，激发学生的学习兴趣。同时，新版教材还配有电子课件，便于教师开展教学工作，提高教学效率。

本套教材的编写得到了有关省市教育部门、人力资源社会保障部门和一批职业院校的大力支持，教材编审人员做了大量的工作，在此，我们表示诚挚的谢意！同时，恳切希望广大读者对教材提出宝贵的意见和建议。

人力资源社会保障部教材办公室

目 录

MULU

模块一　货物分类与编码

课题一　货物分类

物流中的“物”，在我国国家标准《物流术语》（GB/T 18354—2006）中称为“物品”，在生产制造领域称为“产品”，在商贸领域称为“商品”，在物流领域，物品由运输部门承运时，称为“货物”。货物通常是指由运输部门承运的各种原料、材料、商品及其他产品或物品的总称。

货物与商品是两个不同却又有着紧密联系的概念。商品的社会化大生产包括生产、交换、流通、使用四个过程。而货物一般是指那些以流通环节作为载体的商品，当然不仅局限于流通中的商品，还包括流通中的原材料等。所以，有时会出现货物与商品两个概念的重叠。一般在运输环节称之为货物，在销售、消费等其他环节称之为商品。

一、货物分类的概念

货物的种类繁多，为了方便消费者购买，便于商业部门组织商品流通，提高企业经营管理水平，必须对众多的货物进行科学分类。

货物分类是指根据一定的目的或为了满足某种需要，选择适当的分类标志，将商品集合总体科学、系统地逐级划分为不同的门类、大类、中类、小类、品类、种类等的过程，这个类目系统即为货物分类体系。货物分类的应用实例见表 1—1。

表 1—1　　货物分类的应用实例

货物类目名称	应用实例	
货物门类	消费品	消费品
货物大类	食品	日用工业品
货物中类	液态食品	家用化学品

续表

货物类目名称	应用实例	
货物小类	乳和乳制品	洗涤用品
货物品类	奶	肥皂
货物种类	牛奶	洗衣皂
货物亚种	饮用牛奶	洗衣香皂
货物品种	全脂饮用牛奶	茉莉香型洗衣香皂

大类：体现货物生产和流通领域的行业分工，如五金类、化工类、食品类、水产类等。

中类：体现具有若干共同性质或特征货物的总称，如食品类货物又可以分为蔬菜和水果、肉和肉制品、蛋和蛋制品等。

小类：对中类货物的进一步划分，体现具体的货物种类名称，如酒类货物分为白酒、啤酒、果酒等。

二、货物分类的原则

货物分类原则是建立科学的货物分类体系的重要依据。为了使货物分类满足特定的目的和需要，在对货物进行分类时必须遵守以下原则。

1. 明确拟分类货物集合体所包括的范围

由于科技的进步和生产技术水平的提高，新产品在不同国家、不同历史阶段不断涌现。货物集合体所包括的范围并不完全相同，各行业、各部门所管理的货物范围也不相同，因此货物分类的对象也不尽相同。例如，在我国现阶段，生产资料是货物，技术、信息、艺术品等也是货物，货物包括的范围扩大了。因此，对货物进行分类时必须明确拟分类货物集合体所包括的范围，这样货物分类才有实际意义。

2. 提出货物分类的明确目的

由于各行业、各部门和各企业进行货物分类的目的和要求不同，货物分类所形成的体系也是多种多样的，不同的货物分类体系有各自特定的分类目的。例如，按照国家标准对货物进行分类、按国际贸易要求对货物进行分类、按海关税则和统计要求对货物进行分类、按危险程度对货物进行分类、按教学要求对货物进行分类等，分别是为了生产、国内外贸易、统计、科研、教学等不同目的。为了科学地进行货物分类，使分类的结果具有实用性，对货物进行分类时必须有明确的分类目的。

3. 选择适当的分类标志

对货物进行分类时，选择分类标志至关重要，只有分类标志满足分类的目的和要求，才能保证分类清楚，使分类结果具有科学性和系统性。每一种货物都有一定的成分、结构，由一定的原材料、生产工艺制成，它的物理、化学、力学等性能都不相同，因此，用途、化学成分、原材料、生产制造方法等都可以作为货物分类的标志。为了保证分类的唯一性、稳定性，必须选择最稳定、最本质的特征作为货物的分类标志。

三、货物分类的方法

1. 线分类法

线分类法也称层次分类法，采用此方法时，首先分析拟分类的货物（商品）集合的属性或特征，然后根据最本质属性将其逐次地分成相应层级和类目，同一分支的同层级或类目之间构成并列关系，不同层级或类目之间构成隶属关系，同层级类目互不重复、互不交叉。线分类法结构和实例如图 1—1 和图 1—2 所示。

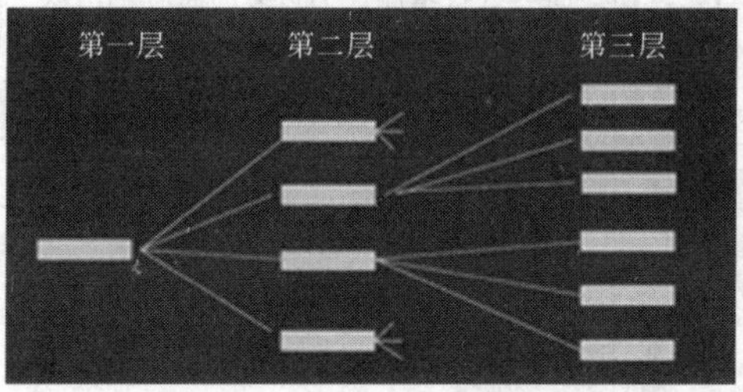

图 1—1　线分类法结构

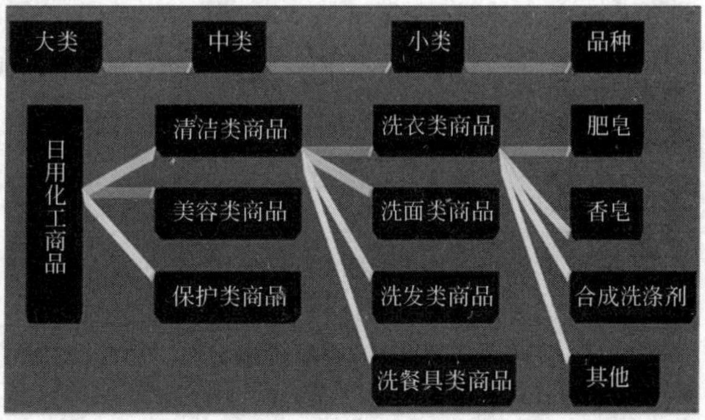

图 1—2　线分类法实例

2. 面分类法

面分类法也称平行分类法，它是根据拟分类的货物（商品）集合总体固有的属性或特征，将其分成相互之间没有隶属关系的面，每个面都包含一组类目，将某个面中的一种类目与另一个面中的一种类目组合在一起，即组成一个复合类目。面分类法结构和实例如图 1—3 和图 1—4 所示。

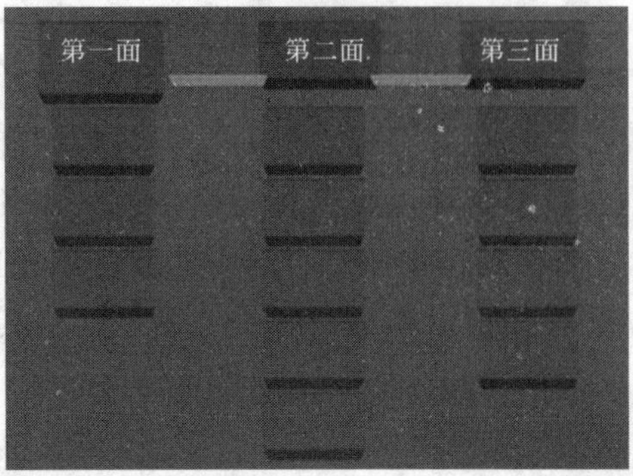

图 1—3　面分类法结构

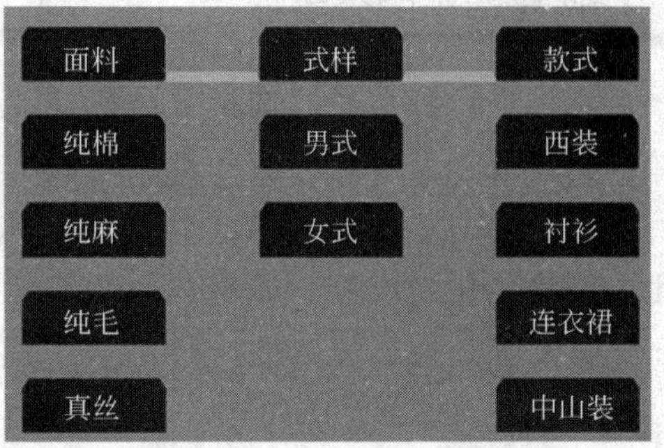

图 1—4　面分类法实例

3. 线分类法和面分类法的比较

线分类法和面分类法的比较见表 1—2。

表 1—2　　**线分类法和面分类法的比较**

类别	线分类法	面分类法
优点	信息容量大，层次清楚，逻辑性强，符合人的认知习惯，既适用于手工操作，又便于计算机处理	分类结构上具有较大的柔性，即分类体系中任何一个“面”内类目的变动不会影响其他“面”，而且可以对“面”进行增删。另外，“面”的分类结构可以根据任意“面”的组合方式进行检索，有利于计算机处理
缺点	1. 反映主题或事物特征的能力差，往往无法满足确切分类的需要，不能解决目前大量存在的细小分类问题 2. 分类表难以根据需要随时改变，也不适合进行多角度的信息检索 3. 无法根据现代科学的发展自动生成新类别，难以与科学的发展保持同步 4. 大型分类表一般类目详尽、篇幅较大，对分类表管理的要求较高 5. 分类结构弹性差	不能充分利用编码空间。例如，在图 1—4 中，“纯毛男式连衣裙”的搭配是毫无意义的

四、常用货物分类标志

货物分类标志是编制货物分类体系和货物目录的重要依据与基准，按其适用性可分为普遍适用分类标志和局部适用分类标志两类。普遍适用分类标志是指所有货物种类共存的特征、性质、关系或功能等。局部适用分类标志是指部分货物共有的特征，故也称为特殊分类标志。

货物分类标志实质是货物本身固有的种种属性。目前还未发现一种贯穿货物分类体系始终，对所有货物类目都适用的分类标志。因此，在一个分类体系中常采用几种分类标志，往往是每一个层次用一个适宜的分类标志。常用货物分类标志主要包括以下几种：

1. 以货物的用途作为分类标志

以货物用途作为分类标志，既便于对同一用途货物的质量进行分析和比较，有利于生产企业改进和提高质量，开发新的货物品种，又便于货物经营者对货物的经营管理及消费者对货物的选购。现在，许多货物的类目名称，如食品、医药品、服装、饲料、交通工具等之所以成为专有名词，就是货物按用途分类的结果。但是，这种分类标志不适用于多种用途货物类别的划分。

2. 以货物的原材料作为分类标志

以原材料作为货物的分类标志，不仅分类清楚，而且能从本质上反映出每类货物的性能、特点、使用及保管要求，特别适用于原材料对质量和性能有较大影响的货物，但不适用于那些由多种原材料制成的货物，因为不同原材料加工程度不同，货物特征与原材料关系不大。例如，电视机、照相机、洗衣机、汽车等工业品就不适合以原材料作为分类标志。

3. 以货物的化学成分作为分类标志

有些货物的主要化学成分虽然相同，但是所含有的少量特殊成分不同，就形成了质量、性能和用途完全不同的货物。对这些货物进行分类时，就可以用特殊成分作为分类标志。例如，玻璃的主要成分是二氧化硅，但根据其中一些特殊成分的不同可进一步分为钠钙玻璃（含有氧化钠）、钾钙玻璃（含有氧化钾）、铅玻璃（含有氧化铅）等。对于某些货物，由于其中所含的某种杂质或某几种杂质可以对货物质量产生极为不利的影响，使得杂质成为货物分类的一种标志，用于区分各类货物在质量方面的差异。

4. 以货物的制造方法作为分类标志

采用制造方法为标志进行分类，能直接说明货物质量和货物品种的特征，特别适用于那些可以选用多种生产方法制造的货物，不适用于那些虽然生产方法不同，但质量特征并无实质性差别的货物。例如，同是热塑性塑料制品，虽然可采用吹塑、注射、挤出等不同的方法成形，但制品的性能并没有实质性差别，在分类时不宜采用这种分类标志。

5. 以货物的外观形态作为分类标志

例如，纺织品根据外观形态不同，可分为平纹纺织品、斜纹纺织品和缎纹纺织品。窗用平板玻璃根据外观形态不同，可分为普通窗用平板玻璃、磨砂玻璃、压花玻璃和夹丝玻璃，除普通窗用平板玻璃外，其他平板玻璃均具有特殊的性能。

技能训练

2018 年 5 月 10 日，某物流配送中心接到某超市的订购电话，要求 5 月 11 日配送一批货物到店。随即信息员根据超市要求制作出库分拣单，见表 1—3。此次分拣货物种类多、数量少，分拣装箱时应该如何分类才比较合理？

表 1—3 出库分拣单

货物条码	货物名称	规格	单位	数量	备注
69222664×××××	清风卷筒纸		箱	20	
69228682×××××	优选卷筒纸		箱	6	
69012363×××××	维达卷筒纸		卷	6	
69222336×××××	五月花卷筒纸		卷	2	
69303630×××××	海得润滋饮用纯净水		箱	10	
69235552×××××	汇源纯净水		瓶	6	
69101830×××××	冰露饮用矿物质水		瓶	6	
69020838×××××	娃哈哈饮用纯净水		瓶	7	
69424173×××××	康师傅天然水		瓶	6	
69392619×××××	好娃娃薯片		包	6	
69015211×××××	诚诚油炸花生仁		包	7	
69209078×××××	洽洽黑瓜子		包	8	
69320100×××××	丘比沙拉酱		瓶	9	
69025636×××××	奥利奥夹心饼干		袋	5	
69014243×××××	王老吉凉茶		瓶	10	
69320100×××××	金谷精品杂粮营养粥		瓶	8	
69212001×××××	旺旺饼干		袋	8	
69221003×××××	罗技键盘		盒	8	
69250110×××××	康师傅方便面		袋	10	

1. 分组布置

根据班级情况进行分组，各组自选组长，并报授课教师。组长对本组成员进行分工，并组织本组学生完成步骤 2 至步骤 5，授课教师在旁边进行辅导。

2. 完成货物分类

各组学生在“五月花卷筒纸”“罗技键盘”“好娃娃薯片”三种货物中选择一种完成货物的分类体系，填入表 1—4。

表 1—4　货物分类应用

货物类目名称	应用实例		
货物门类			
货物大类			
货物中类			
货物小类			
货物品类			
货物种类			
货物亚种			
货物品种	五月花卷筒纸	罗技键盘	好娃娃薯片

3. 判断出库分拣单的货物分类标志

各组学生根据出库分拣单确定货物的分类标志，并说明理由，填写表 1—5。

表 1—5　货物分类标志

序号	货物分类标志	理由

4. 依据货物规格进行分类

查看出库分拣单，会发现货物的单位不同，说明货物的规格不同，各组学生以货物规格为标志进行分类。参照图 1—5 所示完成货物分类拣选，即整箱货物拣选和零散货物拣选，并填写表 1—6。

图 1—5　货物按规格分类

表 1—6　　**拣选单**

零散货物拣选	整箱货物拣选

5. 以货物的用途作为分类标志，进行分类分拣

各小组依据拣选单中零散货物的用途进行一次分类分拣，操作步骤见表 1—7。

表 1—7　　**分类分拣操作步骤**

序号	操作图示	操作说明
1		根据货物用途对拣选单上的零散货物进行分类分拣，选取相应数量的物流箱

续表

序号	操作图示	操作说明
2		将同一用途的货物放入同一个物流箱，如所有的饮料放入一个物流箱，所有的纸品放入一个物流箱
3	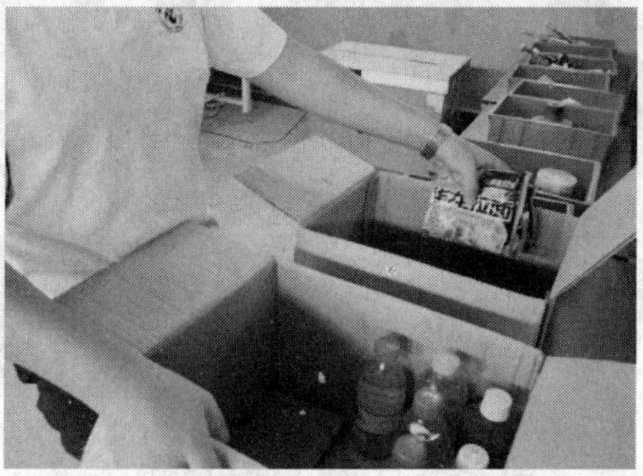	将物流箱中同一用途的货物分别放进纸箱，等待封箱打包

课题二　货物分级

货物分级即货物质量分级，是指对同一品种的货物，按其达到货物质量标准的程度所确定的等级。它是表示货物质量高低优劣的标志，也是表示货物在某种条件下是否适合其用途的标志，是货物鉴定的重要内容之一。货物分级是相对的、有条件的，有时会因不同时期、不同地区、不同使用条件与不同个性而产生不同的货物等级。一般来说，工业品分为三个等级，而食品特别是农副产品、土特产等分为四个等级，最多达到六七个等级，如茶叶、棉花等。如图 1—6 所示为人工进行茶叶分级筛选。

一、货物分级的标准

货物种类不同，分级的标准也不一样，如茶叶按色、香、味等感官指标分级，糖按其化学成分含量分级，鸡蛋按个体的重量分级。国家标准《工业产品质量分等导则》

(GB/T 12707—1991) 中规定：优等品的质量标准必须达到国际先进水平，且实物质量水平与国外同类产品相比达到近五年内的先进水平；一等品质量标准必须达到国际一般水平，且实物质量水平达到国际同类产品的一般水平；优等品和一等品等级的确认须有国家级检测中心、行业专职检验机构或受国家和行业委托的检验机构出具的实物质量水平检验证明；合格品按照我国一般水平标准组织生产，质量水平必须达到相应标准的要求，质量等级由企业自行检验判定。

图 1—6　人工进行茶叶分级筛选

货物分级常用等级顺序如几等、几级或甲、乙、丙表示，等级顺序的高低具体表示了货物质量的优次。许多货物还同时以特殊的标记来表明自身的质量等级。例如，瓷器以底部的印记表示等级，“○”为一等品，“□”为二等品，“△”为三等品，不合格品底部则印“次品”字样。又如，布匹以其上所印文字的颜色表示不同等级，红色为一等品，绿色为二等品，蓝色为三等品，黑色为等外品（比最低一级要求还低的货物）。

二、评价货物品级的方法

货物品级的评价方法又称为货物的分级方法，主要有百分记分法、加权评分法、限定记分法、限定缺陷法四种。

1. 百分记分法

百分记分法是用分数表示货物质量的一种方法。它是将货物的各项质量指标规定为一定分数，重要指标的分数高，次要指标的分数低，各质量指标的总分为 100 分。例如，酒类各项指标分数的规定见表 1—8。

表 1—8　　　　酒类各项指标分数的规定

品种	颜色	气味	口味	风格	特殊要求
白酒	10 分	25 分	50 分	15 分	—
啤酒	10 分	20 分	50 分	—	泡沫 20 分
葡萄酒	20 分	30 分	40 分	10 分	—
香槟酒	15 分	20 分	40 分	10 分	气泡 15 分

2. 加权评分法

加权评分法是首先确定货物的每个分级标准（要素）所占的评价权重，然后确定各个指标的计分标准，最后算出各个要素的分数，作为货物分级的依据。

3. 限定记分法

限定记分法是指将货物的各种质量缺陷（即质量指标达不到质量标准要求的疵点）规定为一定分数，由缺陷分数的总和及其所在的等级分数线来确定货物的等级。缺陷越多，分数越高，品级越低。限定记分法多用于日用工业品、纺织品等货物的品级划分。

4. 限定缺陷法

限定缺陷法是指在货物可能产生的质量缺陷（疵点）范围内，规定各类货物每个级别所限定质量缺陷的种类、数量和程度。例如，评价棉布的外观质量等级时，按疵点对布面影响程度确定各项疵点分数，分数总和不大于 10 分为一等品，11～20 分为二等品，21～35 分为三等品，超过 40 分为等外品。

【技能训练】

某物流配送中心收到某农产品基地的入库通知，通知入库一批苹果，入库通知单见表 1—9，供应商要求物流配送中心对货物进行分级，并重新包装。那么，如何确定这批货物的分级标准？如何评定货物品级？

表 1—9　　　　　　　　　　　入库通知单

入库单流水号	001		
单据类型		入库时间	2019 年 5 月 10 日 13 点
客户编号		客户名称	××农产品基地
入库申请人		申请人联系方式	1352662××××
配送受理人		受理人联系方式	1343697××××
仓库地址			

序号	入库编号	货品编号	名称	单位	包装箱尺寸	毛重	包装材料	申请数量	实际数量	情况说明
1	12092301	3362	苹果	个	550 mm×500 mm×865 mm		纸箱	50		
合计								50		

供应商签字（盖章）：张××　　　　　　　　入库接收人签字（盖章）：夏××
时间：2019 年 5 月 10 日　　　　　　　　　时间：2019 年 5 月 10 日

1. 分组布置

班长根据班级情况进行分组，各组自选组长，并报授课教师。组长对本组成员进行分工，并组织本组学生完成以下操作，授课教师在旁边进行辅导。

2. 确定货物分级的标准

各组学生根据入库货物（苹果）查找资料，讨论后确定分级的标准，完成表 1—10。

表 1—10　　　　　　　　　苹果自定义分级标准

	标准	描述	图片
标准一			
标准二			
标准三			

3. 运用加权评分法进行货物评价

各组学生针对每个分级标准（要素）确定出权重，满分为 100 分，讨论后完成加权评分要素表，见表 1—11。

表 1—11　　加权评分要素表

序号	评价要素	测量单位	权重

4. 根据货物分级标准及权重进行分级

各小组学生根据步骤 3 中每个分级标准（要素）对苹果进行分级和拣选。

5. 总结货物分级

各小组根据分级结果和分级过程填写表 1—12，并对本小组的苹果分级情况进行总结。

表 1—12　　苹果分级总结

序号	等级	数量	图片
1			
2			
3			
4			

课题三　货物编码

货物代码是用来标识分类体系中不同类目货物的一组有序的代表符号，可以由字母、数字和特殊标记组成。为货物编写代码的过程称为货物编码。

货物编码可以提高工作效率和可靠性，有利于计划、统计、管理等业务工作。货物实行分类编码标准化，可以提高分类体系的概括性和科学性，有利于货物分类体系的通用化、标准化，为建立统一的货物分类编码系统和产供销信息系统、运用计算机对货物信息流和物流进行现代化科学管理、提高企业的经济效益奠定了基础。

一、货物编码的原则

为了实现货物分类编码标准化，建立统一的货物分类编码系统，对货物进行编码时应遵循以下基本原则。

1. 唯一性原则

所谓唯一性，是指所标识的货物应与货物代码一一对应，即每个编码对象只能有一个代码，每个代码只能标识一种货物。

2. 简明性原则

货物代码要简明、易记、易校验，码位不宜太长，既便于手工操作，又便于机器处理和存储。

3. 层次性原则

货物代码要层次清楚，能清晰地反映分类体系内部固有的逻辑关系，且与其代表的类目有固定的对应关系。

4. 可扩性原则

编码结构应留有足够的后备码位，当需要增加新类目或删减旧类目时，无须破坏编码结构再重新编码。

5. 稳定性原则

货物代码确定后要在一定时期内保持稳定，不能经常或轻易变更，以保证分类编码系统的稳定性。即使该货物停止生产或停止供应，也不能马上将其代码分配给其他货物类目。

6. 统一性原则

货物编码规则要与国家货物分类编码标准一致，与国际通用货物分类编码制度相协调，以利于实现信息交流和信息共享。

二、货物代码的种类和编码方法

货物代码按其所用的符号不同，可分为数字代码、字母代码、数字字母混合代码和条码四种。目前使用最普遍的是数字代码和条码。

1. 数字代码

数字代码是用一个或若干个阿拉伯数字组成一组代码来表示分类对象。数字代码结构简单，使用方便，易于推广，便于利用计算机进行处理，是目前大多数国家采用的一种货物代码。运用数字代码进行货物编码常使用层次编码法、平行编码法和混合编码法。

（1）层次编码法

层次编码法是指按货物类目在分类体系中的层级顺序，依次赋予对应数字代码的一种编码方法。层次编码法主要用于按层级分类，第一位表示第一层级的类目，第二位代表第二层级的类目，以此类推。因此，代码的结构清晰地反映了分类层级间的逻辑关系。国家标准《全国主要产品分类与代码　第 1 部分：可运输产品》(GB/T 7635.1—2002）就是采用层次编码法，整个编码结构分为六层，由 8 位阿拉伯数字组成：第一至五层各用 1 位数字表示，第六层用 3 位数字表示；第一位数字为第一层级（代表大部类），第二位数字为第二层级（代表部类），第三位数字为第三层级（代表大类），第四位数字为第四层级（代表中类），第五位数字为第五层级（代表小类），第六至第八位数字为第六层级（代表细类）。

（2）平行编码法

平行编码法又称特征组合编码法，是指将编码对象按其属性或特征分为若干个面，每一个面内的编码对象按其规律分别确定一定位数的数字代码，面与面之间的代码没有层次关系或者隶属关系，最后根据需要选用各个面中的代码，并按预先确定的面的排列顺序组合成复合代码的一种编码方法。平行编码法多用于面分类法。

（3）混合编码法

混合编码法是层次编码法和平行编码法的合成，代码的层次与类目的等级不完全相适应。当把分类对象的各种属性或特征分列出来后，其某些属性或特征用层次编码法表示，企业属性或特征属性用平行编码法表示。

2. 条码

条码是将表示一定信息的字符代码转换成用一组黑白（或彩色）相间的平行线条，并按一定的规则排列组合而成的特殊图形符号。为了便于人们识别条码符号所代表的字符，通常在条码符号下部印刷所代表的数字、字母或专用符号。不同领域使用的条码各不相同，商品流通领域用于商品标志的常用条码主要是 EAN 条码和 UPC 条码，用于物流领域的条码主要有 EAN 条码、ITF-14 条码和 GS1-128 条码。

（1）EAN 条码

EAN 条码是国际通用的商品条码，是以直接向消费者销售的商品为对象，以单个商品为单位使用的条码。该条码由国际物品编码协会制定，通用于各地，是目前国际上使用最广泛的一种商品条码。它分为 EAN-13 码和 EAN-8 码两种。

1）EAN-13 码。EAN-13 码是比较通用的一般终端产品的条码，主要应用于超市等零售行业，如图 1—7 所示。

6 937526 503743

图 1—7　EAN-13 码

条码、代码一般由前缀码、厂商识别代码、商品项目代码和校验码组成。前缀码共三位，是用来标识各编码组织所在国家或地区的代码，由国际物品编码协会统一管理和分配。厂商识别代码由厂商申请，国家分配，占四位，代表生产厂商。商品项目代码占五位，代表某一具体产品，由厂商自由编定。校验码占一位，作用是防止条码扫描器误读。

2）EAN-8 码。EAN-8 码是 EAN-13 码的缩短码，共有 8 位数，包括前缀码 2 位，商品项目代码 5 位和校验码 1 位。当货物包装面积小于 120 cm^2，无法使用 EAN-13 码时，可以申请使用 EAN-8 码。

（2）ITF-14 条码

ITF-14 条码如图 1—8 所示，这种条码常见于搬运、仓储、订货和运输过程中，印制在非零售商品的外包装上。

（3）GS1-128 条码

GS1-128 条码是一种长度可变的连续型条码，可表示生产日期、有效日期、运输包装序号、重量、尺寸、体积、送出地址、送达地址等重要信息，如图 1—9 所示。

图 1—8　ITF-14 条码

(00)069012340000000009

图 1—9　GS1-128 码

三、常见的货物条码生成设备

1. 非现场印制设备

非现场印制设备又称预印刷设备，适用于数量大、标签格式固定、内容相同的标签印刷，如产品包装等。非现场印制设备包括胶片制版印刷系统、轻印刷系统、条码号码机和高速激光喷码机等。

2. 现场印制设备

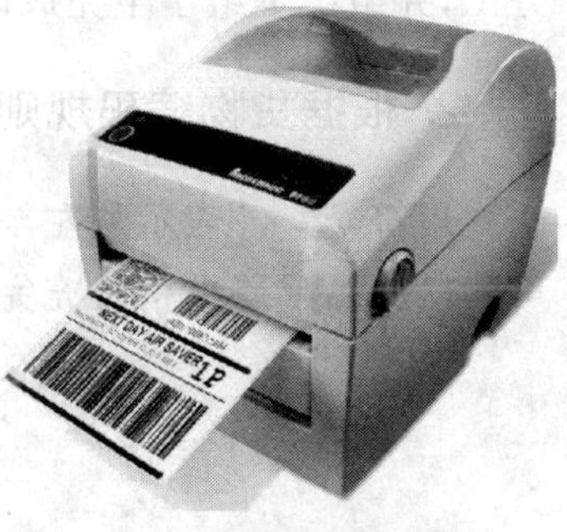

图 1—10 现场专用条码打印机

现场印制设备主要是指现场专用条码打印机，俗称打码机，如图 1—10 所示，即由计算机控制打印机实时打印条码标签，打印灵活，实时性强，适用于多品种、小批量、需要现场实时印刷的场合。

【技能训练】

2018 年 9 月 10 日，某物流配送中心收到某超市的送货需求。仓管员根据出库分拣单（见表 1—13）进行出库分拣，要求依据“出库分拣单”制作条码，交给仓管员。

表 1—13 出库分拣单

货物条码	货物名称	规格	单位	数量	备注
69020838×××××	娃哈哈饮用纯净水		瓶	7	
69424173×××××	康师傅天然水		瓶	6	
69392619×××××	好娃娃薯片		包	6	
69015211×××××	诚诚油炸花生仁		包	7	
69209078×××××	洽洽黑瓜子		包	8	
69320100×××××	丘比沙拉酱		瓶	9	
69025636×××××	奥利奥夹心饼干		袋	5	
69014243×××××	王老吉凉茶		瓶	10	
69320100×××××	金谷精品杂粮营养粥		瓶	8	
69212001×××××	旺旺饼干		袋	8	
69221003×××××	罗技键盘		盒	8	
69250110×××××	康师傅方便面		袋	10	

1. 分组布置

班长根据班级情况进行分组，各组自选组长，并报授课教师。组长对本组学生进行分工，并组织本组学生完成以下操作，授课教师在旁边进行辅导。

2. 根据货物编码规则，描述代码结构

用符号“×”表示从左至右的代码，请本组学生根据层次编码法描述代码结构，并将可运输产品代码结构补充完整，如图 1—11 所示。

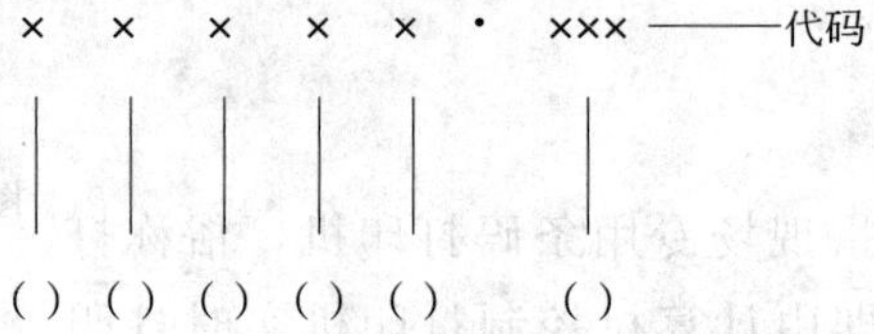

图 1—11　可运输产品代码结构

3. 判断分拣单的货物分类依据

各小组围桌而坐，打开计算机，找到条码制作软件 BarTender，按照操作步骤完成货物条码的制作，见表 1—14。

表 1—14　制作货物条码的操作步骤

序号	图示	说明
1		打开计算机上的 BarTender 软件，新建文档后单击页面“菜单栏”的“文件”中的“页面设置”，设置纸张大小及打印方向

续表

序号	图示	说明
2	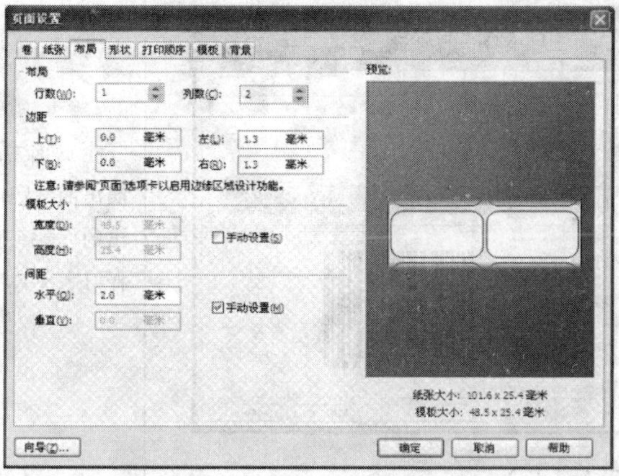	设置“布局”：因纸张原因，设置行数为 1，列数为 2；设置左右两张条码纸的间距为 2 mm（只有一张打印纸时不需设置）
3	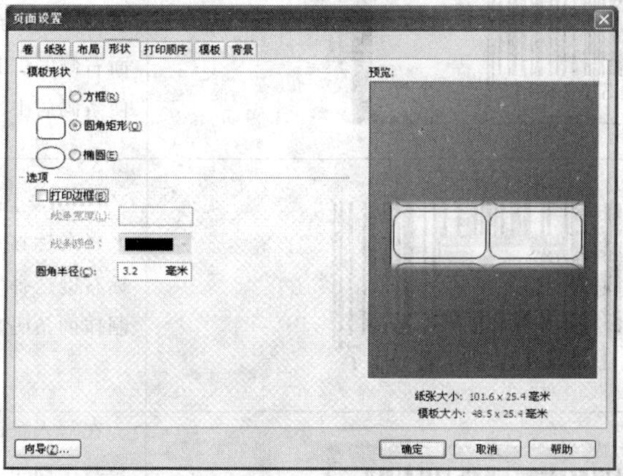	设置模板“形状”，常见为方框、圆角矩形、椭圆等，此处选择“圆角矩形”
4	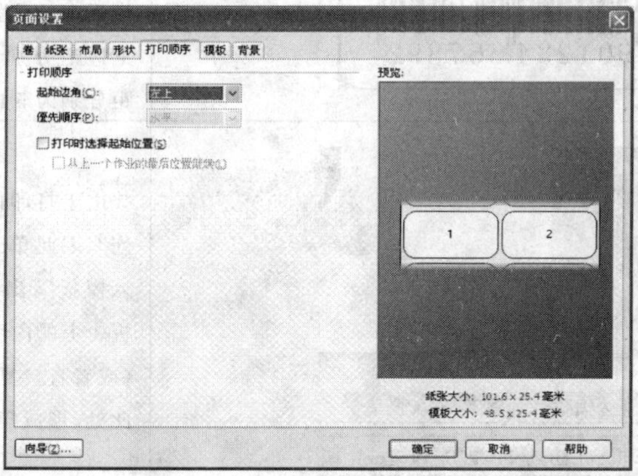	设置“打印顺序”，一般有四种方式：左上、右下、右上、左下，此处选择“左上”（只有一张打印纸时不需设置），至此模板 1 已完成

续表

序号	图示	说明
5		在页面工具栏中找到图中圈出的“选择条码”按钮，在弹出的“选择条码”对话框中选择“EAN-13”码
6		将选择的条码类别插入模板中，调整条码大小，单击页面右侧的工具栏（箭头所指），使条码居中
7		将光标移到条码上，单击鼠标右键选择“编辑”，写入所要制作的条码数据
8		在写入条码数据时，输入 12 位数字即可，最后一位校验码由系统自动生成；调整条码在模板中的位置，使其与模板上下边距分别为 2 mm，左右边距分别为 5 mm
9	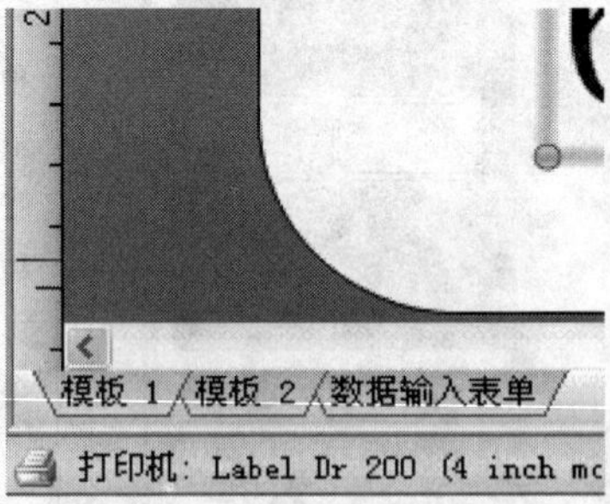	由于打印的纸张为“一行两列”，因此单击页面左下角“插入模板”，出现模板 2，再将模板 1 上的内容复制到模板 2 上（或者直接复制模板 1，粘贴到此处，形成模板 2）

续表

序号	图示	说明
10	6 901234 567892	单击工具栏上的“预览”工具，对制作成的条码进行预览，查看是否符合要求
11		若制作的条码符合要求，则直接单击“打印”，选择相应的打印机即可。若制作的条码超出页面或不居中，要重新微调

思考练习题

1. 简述货物分类的概念和基本原则。
2. 常见的货物分类标志有哪些？
3. 简述货物品级的概念。
4. 货物分级的主要标准有哪些？
5. 评价货物品级的方法有哪些？
6. 简述货物编码的作用。
7. 简述货物编码的主要原则。
8. 简述货物代码的种类。

模块二　货物包装与标志

课题一　认识货物包装

货物包装是为了保护货物完整无损，便于装卸、搬运、堆放、运输和理货，按照一定的技术方法而采用的容器、材料、辅助物，也指为了达到上述目的在采用容器、材料和辅助物的过程中施加一定技术方法等操作活动。

一、货物包装的功能

货物从生产领域到流通和消费领域都离不开包装，包装在货物的整个流转过程中主要有保护、容纳、便利、促销等功能。

1. 保护功能

保护功能是包装最基本的功能。货物在运输、储存、销售过程中会受到各种因素的影响和考验，通过包装可以实现以下功能：

（1）保护货物不受机械损害

恰当的包装材料、包装容器和包装技术能够确保货物在运输、装卸、堆放过程中经受颠簸、冲击、震动、碰撞、摩擦、翻滚、跌落、堆压等外界作用力下的安全，保护货物不致变形、损伤、渗漏和挥发。

（2）保护货物不受环境损害

适宜的包装材料能保证货物在流通和储存过程中抵御外界不良环境变化带来的危害，保护货物在流通中的安全，不致出现干裂、脱水、潮解、溶解、腐烂、氧化、老化、发霉、变色等品质变化。

（3）保护货物不受生物损害

适宜的包装能有效地阻隔各种害虫、微生物的侵害，保护货物不致缺损、霉烂、变质。

（4）保护货物不受人为损害

封装牢固的货物能防止因人为随意挪动、操作不当而造成的损害。

2. 容纳功能

（1）使物品形成一定的形态

气体、液体、粉末状的货物本身没有一定的集合形态，依靠包装的容纳才具有了特定的形态，才能进行运输、储存和销售。

（2）保证卫生

食品、药品、化妆品、消毒用品、卫生用品等货物，由于包装的容纳，增加了一层保护，保证了货物的卫生，有利于货物质量的稳定。

（3）使货物成组化

包装能把许多相同货物的不同个体或一些包装物组合在一起，使其形成一个整体。这种成组的容纳可以将货物化零为整，化分散为集中，既便于货物运输、储存和销售，又便于消费者选购和使用。

（4）能节省储运空间

包装的容纳可使结构复杂的商品外形整齐，使质地疏松的货物体积缩小。因此，容纳功能不仅表现在可以充分利用包装容积，还能方便堆码，提高运输效率和库房利用率，节省包装和储运成本。

3. 便利功能

（1）方便装卸和运输

合理的包装使搬运简单、省力，固定尺寸和重量的包装还有利于机械化装运，提高运输效率。

（2）方便储存和保管

完整、整齐的包装能够承受一定压力，便于货物堆码，能够充分利用库容。完整的包装把货物和外界环境相隔离，可防尘、防虫鼠害，便于保管。

（3）方便经营

良好的包装可以促进整个经营过程的顺利进行。例如，良好、整齐的包装有利于清查盘点，包装上的识别标志方便货物搬运和保管，包装装潢使货物陈列美观并刺激消费。

4. 促销功能

（1）传达信息，指导消费

包装标志以直观的方式向消费者说明内装货物的性能、用途、规格、重量、数量、使用方法、保存方法、生产厂家和产地等信息，帮助消费者了解货物，同时指导消费。

(2) 激发消费欲望

精美的包装更能刺激人的感官，引起人们的注意、兴趣、联想，使其产生购买欲望和购买行动。

二、货物包装的分类

包装分类是根据一定的目的，对一定范围的包装几何体，按一定的标志或特征进行划分的过程。常见的包装分类方式有以下几种。

1. 按包装的位置分类

以包装的位置为分类标志，包装可分为自包装、内包装和外包装。自包装是指直接接触货物，与货物同时装配出厂，构成货物组成部分的包装，如筒装奶粉的袋、香水的瓶、牙膏的管等。内包装是贴近货物的包装，多为具有一定形状的容器，如牙膏的包装纸盒、皮鞋的包装盒等。外包装是货物最外部的包装，多为若干个货物集中的包装，如箱、盒、袋等。

2. 按包装的材料分类

以包装材料为分类标志，对货物包装进行划分，通常可分为纸与纸板、木材、玻璃与陶瓷、金属、塑料、纤维制品、复合材料、天然植物材料等包装。

3. 按包装的技术方法分类

以包装技法为分类标志，包装可分为贴体包装、透明包装、托盘包装、开窗包装、收缩包装、提袋包装、易开包装、喷雾包装、蒸煮包装、真空包装、充气包装、防潮包装、防锈包装、防霉包装、防虫包装、无菌包装、防震包装、遮光包装、礼品包装、集合包装等。

4. 按包装的内容物分类

以包装的内容物为分类标志，包装可分为纺织品包装、食品包装、药品包装、土特产品包装、机电商品包装、化工商品包装、危险化学品包装、五金商品包装、首饰商品包装、鞋类商品包装等。

5. 按包装在流通领域中的作用分类

按包装在流通领域中的作用不同，包装可分为运输包装和销售包装。运输包装主要是用于满足货物运输、装卸、储存需要的较大单元的包装。销售包装是以一个或若干个单位商品为一个销售单元的包装形式。

三、包装与物流活动的关系

1. 包装与运输的关系

包装应尽量满足商品运输和装卸的要求，选用合适的容器。例如：在海洋货物运输中，如果用货船混载杂货，则必须严格使用木箱包装；如果采用集装箱运输，则可以考虑使用纸箱。

2. 包装与搬运的关系

包装应尽可能满足搬运作业的要求，以方便搬运工具的操作。例如：采用手工搬运，应按人工可以胜任的重量单位进行包装；全部采用叉车，则无须包装成小单位，在叉车承重范围内，包装可尽量大或重一些，以减少搬运次数。

3. 包装与仓储的关系

包装应符合物品入库存放的要求，选用的包装应以方便入库的体积为标准。例如：库房的大门高 3 m，包装就不能超过 3 m。另外要注意包装的承重问题，也就是层高问题，有些易碎品，包装必须结实耐压，不同的包装标准对层高都有要求，在仓储时一定要按规定码放。

技能训练

拆解如图 2—1 所示的网购巧克力包裹，分析其应用了哪些类型的包装，分别有什么作用。

1. 分组布置

班长根据班级情况进行分组，各组自选组长，并报授课教师。组长对本组成员进行分工，并组织本组学生完成以下操作，授课教师在旁边进行辅导。

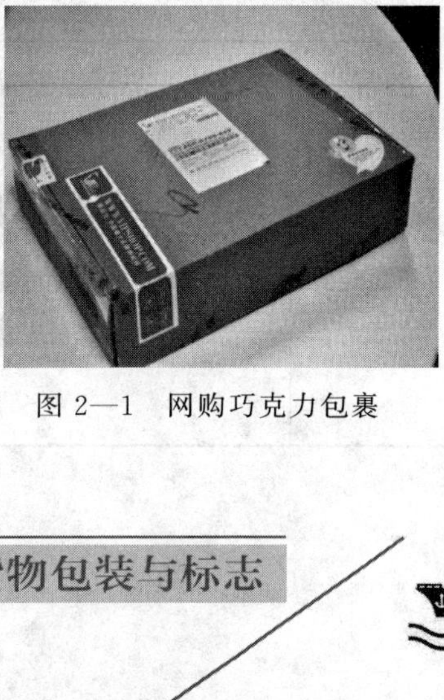

图 2—1　网购巧克力包裹

2. 认识包装

各组学生对包裹进行拆封，看看这个包裹有几层包装，分别是什么材质的包装，见表 2—1。

表 2—1　　　　网购巧克力包裹的包装

序号	图示	说明
1		这是最外层的包装，是纸质包装盒
2		第二层包装是塑料气泡薄膜
3		第三层包装是商品本身的包装，是硬质塑料盒
4		第四层包装是金箔纸，是单个巧克力的独立小包装
5		去除四层包装后，露出巧克力实物

3. 区分运输包装和销售包装

上一步操作展示了各种不同材质的包装，这四层包装在流通领域中的作用见表2—2。

表 2—2　　四层包装在流通领域中的作用

包装	图示	说明
第一层	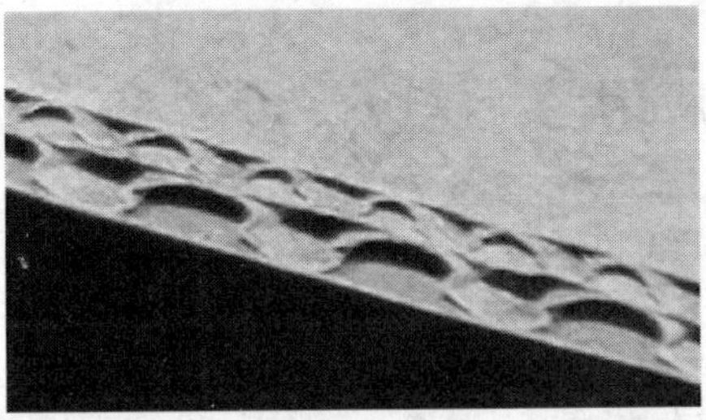	第一层包装是五层瓦楞纸箱。它不仅有保护功能、容纳功能，也便于运输，属于运输包装
第二层	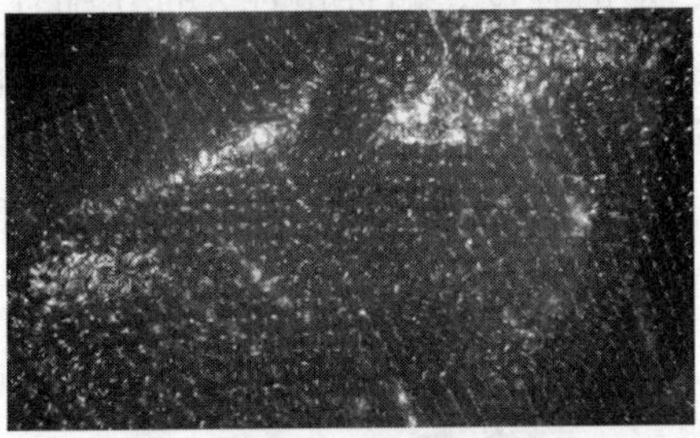	第二层包装是塑料气泡薄膜。它能保护货物包装在运输过程中不受损，属于运输包装
第三层		第三层是硬质塑料盒。它具有保护、容纳、便利和促销等功能，属于销售包装
第四层		第四层是金箔纸。它具有保护、便利、保证卫生等功能，属于销售包装

课题二　货物包装作业

包装材料是指用于制造包装容器和构成包装的材料的总称，是包装的物质基础。包装材料的种类很多，各种包装材料的规格、性能、用途是不同的。选择包装材料要考虑八大要素，即质优、体轻、面广、合理、节约、无害、无毒、无污染。

一、主要包装材料的特点和应用

包装材料很多，常用的有塑料、纸和纸板、木材、金属、黏结剂和涂料等。

1. 塑料

塑料具有良好的物理性能，如一定的强度、耐冲击性、抗压缩性、抗振性、防水性、密封性等；化学性能好，如耐酸碱、耐锈蚀、防虫害、防污染等；光学性能好，如透明、有光泽等。塑料还具有重量轻、易着色、可印刷、成本低等优点。但是，塑料作为一种人工合成的高分子材料，难以降解，包装废弃物极易造成环境污染。

由于塑料具有良好的可塑性，包装容器造型更能满足设计的要求，因此被广泛应用于包装容器，可制成各种箱、桶、瓶、筐、袋等。

2. 纸和纸板

纸质包装的优点是具有适宜的强度、耐冲击性和耐摩擦性；密封性好，清洁卫生；成形性和折叠性好，便于采用各种加工方法，适用于机械化、自动化的包装生产；与其他材料相比，具有较好的印刷适性，便于介绍和美化货物；价格低，重量轻，可以降低包装成本和运输成本；用后易于处理，可回收复用和再生，不会污染环境。纸质包装的缺点是受潮后牢度下降，气密性、防潮性、透明性差。

纸和纸板是传统的包装材料，至今在包装材料中仍占有很大比重。纸质的包装容器有纸板箱、纸盒、纸袋、纸筒、纸杯和纸浆模制包装等。

3. 木材

木材具有强度高、坚固耐压、加工方便、化学和物理性能稳定、不污染环境等优点。木材包装的缺点是易受潮、易变形和开裂、易腐朽、易生蛀虫、资源有限、价格较高。

很早以前，木材在我国就被用作包装材料，目前仍是大型和重型货物运输包装的重要材料，也用于包装批量小、体积小、重量大、强度要求高的货物。木质包装材料有木箱、木桶、木匣、木轴和木夹板、木楔、垫木、衬木、胶合板箱、花格木箱等。

4. 金属

金属具有良好的强度，牢固结实，耐碰撞，不破碎，能有效地保护内装物；密封性能良好，阻隔性好，不透气，防潮，耐光，用于食品包装（罐藏）能实现较长的保存期限；具有良好的延展性，易于加工成形；金属表面有光泽，易于涂饰和印刷；易于回收再利用，不污染环境。金属包装的缺点是成本高、能耗大、化学稳定性能差、流通过程中易变形等。

包装用的金属材料主要有板材、线材和角铁三种。板材用于制作桶、罐、箱等，主要用于粉状、浆状和液体货物的运输及储存；线材可用于制作铁笼和捆扎材料等，主要用于畜禽的运输和运输包装的捆扎等；角铁是制作大型包装箱的主要框架材料，用于大型机械设备的运输包装。

5. 黏结剂和涂料

随着包装材料、包装技术和包装功能的不断发展，为进一步提高包装质量，满足不同产品的特殊需求和人们的审美需求，各种各样的辅助材料应运而生，如黏结剂和涂料等。这些材料对保护内装产品、美化及装饰商品包装、提高商品价值和满足一些特殊需求等都起着重要作用。包装常用的黏结剂主要有天然黏结剂、无机黏结剂和橡胶黏结剂等，常用的包装涂料有酚醛树脂涂料、醇酸树脂涂料、氨基树脂涂料、环氧树脂涂料、丙烯酸树脂涂料等。

二、包装方法

包装方法又称包装技法，是指包装操作时所采用的技术或方法。只有通过包装技术或方法的运用，才能使包装与商品形成一个整体。包装技术或方法与包装的各种功能密切相关，特别是与保护功能关系密切。采用各种包装技术或方法的目的是有针对性地合理保护不同特性商品的质量。商品的包装方法很多，下面举例说明。

1. 泡罩包装与贴体包装

泡罩包装是指将产品封合在用透明塑料薄片形成的泡罩与底板（用纸板、塑料薄膜或薄片、铝箔或它们的复合材料制成）之间的一种包装方法。泡罩包装最初主要用于药品的包装。现在除了药品片剂、胶囊、栓剂等医药产品的包装外，泡罩包装还广泛应用于食品、化妆品、玩具、礼品、工具和机电零配件的销售包装。

贴体包装就是把透明的塑料薄膜加热到软化程度，然后覆盖在衬有纸板的商品上，从下面抽真空，使加热后软化的塑料薄膜按商品的形状黏附在其表面，同时也黏附在承载商品的纸板上的一种包装方法。

2. 真空包装与充气包装

真空包装又称减压包装，是指将包装容器内的空气全部抽出密封，维持袋内处于高度减压状态的一种包装方法。目前应用的真空包装有塑料袋内真空包装，铝箔包装，玻璃器皿、塑料及其复合材料包装等，可根据物品种类选择包装材料。由于果品属鲜活食品，还在进行呼吸作用，高度缺氧会造成生理病害，因此，果品使用真空包装的较少。

充气包装是在真空包装的基础上发展起来的，它是将商品装入气密性包装容器，用二氧化碳等气体置换容器中原有空气的一种包装方法。充气包装主要用于食品包装，根据气体的理化特性，作为食品包装防腐保鲜的介质，能够抑制细菌、微生物、真菌的生长和繁衍，减缓食品氧化作用和呼吸作用，减慢或避免食品变质，也可以防止金属包装容器由于罐内外压力不等而易发生瘪罐的问题。另外，充气包装方法还用于日用工业品的防锈和防霉。

3. 收缩包装

收缩包装是指用收缩薄膜包裹物品（或内包装件），然后对薄膜进行适当加热处理，使薄膜收缩而紧贴于物品（或内包装件）的包装技术或方法。收缩薄膜是一种经过特殊拉伸和冷却处理的聚乙烯薄膜，在定向拉伸时产生残余收缩应力，这种应力在薄膜受热后便会消除，从而使其横向和纵向均发生急剧收缩，同时使薄膜的厚度增加，收缩率通常为30％～70％，收缩力在冷却阶段达到最大值，并能长期保持。该包装方法适用于食品、日用工业品和纺织品的包装，不仅适用于销售包装，也适用于运输包装，既可用于单件包装，也可用于多件商品的托盘集合包装，特别适用于形态不规则商品的包装。

4. 无菌包装

无菌包装是指先将食品、包装容器、包装辅助物灭菌后，再在无菌的环境中进行充填和封合的一种包装方法。与罐头包装相比，无菌包装的特点如下：采用超高温杀菌，一般加热时间仅几秒，又立即冷却，所以能较好地保存食品原有的营养素、色、香、味和组织状态；杀菌所需热能比罐头少 25%～50%；因冷却以后包装，可以使用不耐热、不耐压的容器，如塑料瓶、纸盒等，既降低成本，又便于消费者开启。无菌包装适用于液体食品的包装。

5. 防锈包装

防锈包装是指为防止金属制品锈蚀而采用一定防护措施的包装方法。防锈包装可以采用在金属表面进行处理的方法，如镀金属镀层不但能阻隔钢铁制品表面与大气接触，且发生电化学作用时镀层先受到腐蚀，保护了钢铁制品的表面。防锈包装可采用氧化处理、磷化处理、涂油防锈、涂漆防锈和气相防锈等方法。例如，五金制品表面可以涂一层防锈油，再用塑料薄膜封装；涂漆处理是对薄钢板桶和某些五金制品先进行喷砂等机械处理后再涂上不同的油漆；气相防锈是采用气相缓蚀剂进行防锈的方法，目前采用的是气相防锈纸，即将涂有缓蚀剂的一面面向内包装制品，外层用石蜡纸、金属箔、塑料袋或复合材料密封包装。

6. 防潮包装

防潮包装是指用具有一定隔绝水蒸气能力的防潮包装材料对商品进行包封，隔绝外界湿度对产品的影响，同时使包装内的相对湿度满足商品需求的一种包装方法。在防潮包装材料中，金属和玻璃最佳，塑料次之，纸板、木板最差。常用的防潮方法有多层密封、容器抽真空或充气、加干燥剂等。

7. 缓冲包装

缓冲包装又称防振包装，在各种包装方法中占有重要的地位。商品从生产出来到开始使用要经过一系列的运输、保管、堆码和装卸过程，置于一定的环境之中。在任何环境中都会有力作用在商品上，并可能使商品发生损坏。为了防止商品损坏，就要设法减小外力的影响。缓冲包装是指为减缓内装物受到冲击和振动，保护其免受损坏所采取的包装方法。

三、常用包装容器

包装容器是包装材料和造型相结合的产物，包括包装袋、包装盒、包装瓶、包装罐和包装箱等。列入现代物流包装行列的包装容器主要有瓦楞纸箱、木箱、托盘集合包装、集装箱和塑料周转箱，其特点说明见表 2—3。它们在满足商品运输包装功能方面各具特点，必须根据实际需要合理地加以选择和使用。

表 2—3　　常用包装容器及其特点

序号	包装容器	图示	特点
1	瓦楞纸箱	 	优点：富有弹性，便于实现集装单元化；箱面光洁，印刷美观；体积、重量比木箱小，有利于节约运费；可回收利用，节省资源 缺点：抗压强度不足，防水性能差
2	木箱		适合我国流通加工的现状，相比于纸箱，优越性明显，但成本高
3	托盘集合包装		搬运灵活性好，在任何时候都可进入运动状态，使静态的货物变成动态的货物

续表

序号	包装容器	图示	特点
4	集装箱		集装箱是密封性较好的大型集合包装，它既是运输工具，又是包装容器
5	塑料周转箱		适用于短途运输，可重复使用。同时，它是一种敞开式、不需要捆扎、不需要用户开包的运输包装容器

技能训练

2019年1月21日，新世纪物流中心的仓库主管交给仓管员一份包装作业单，见表2—4。仓管员需要从电子拣选区拣取20盒巧克力，根据包装要求选用600 mm×400 mm×120 mm尺寸的纸箱，使用半自动打包机，采用井字形打包方法完成货物的包装作业。

表2—4　　包装作业单

客户名称：×××超市					
库房名称：新世纪物流中心					
紧急程度：一般					
下达时间：2019年1月21日　上午10点					
货物名称	数量	单位	质量	属性	适用包装箱尺寸
德芙巧克力礼盒装	20	盒	正品	易碎	600 mm×400 mm×120 mm

1. 分组布置

班长根据班级情况进行分组，各组自选组长，并报授课教师。组长对本组成员进行分工，并组织本组学生完成以下操作，授课教师在旁边进行辅导。

2. 准备工作

为进行包装作业做好准备工作，主要包括预热半自动打包机、准备包装材料等，见表 2—5。

表 2—5 包装准备工作

序号	图示	说明
1		在进行包装作业前，开启半自动打包机进行预热
2	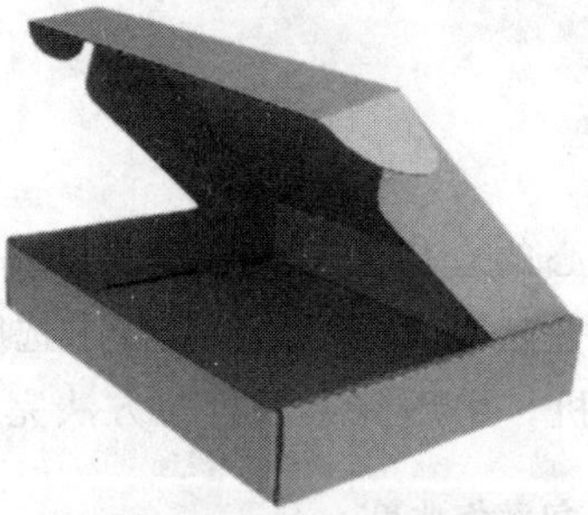	准备好包装箱
3		准备好缓冲材料——塑料气泡薄膜

续表

序号	图示	说明
4	 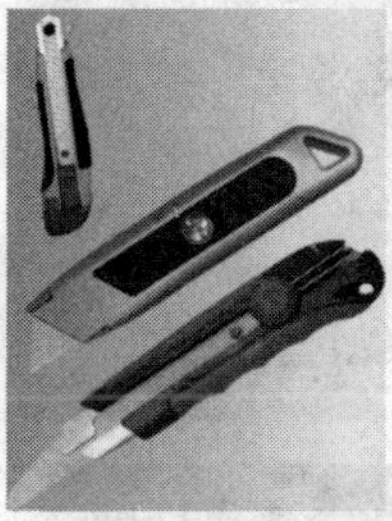	准备好胶带、美工刀等辅助工具

3. 装箱操作

在包装材料准备充分后，按照既定的步骤开始进行装箱操作，操作步骤见表 2—6。

表 2—6　　　　装箱操作步骤

序号	图示	说明
1		制作包装箱，拿取一定数量的缓冲材料放置于包装箱内
2	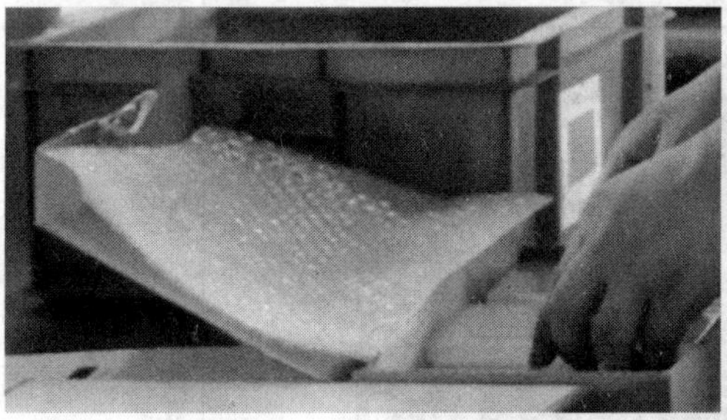	取出巧克力码放在包装箱内，并且要码放整齐

续表

序号	图示	说明
3	 	再取适量缓冲材料，全方位固定巧克力

4. 封箱操作

装箱完毕进行封箱操作，具体步骤见表 2—7。

表 2—7 封箱操作步骤

序号	图示	说明
1		装箱完毕，将箱口折叠并盖好
2		用胶带把箱口封实

5. 打包操作

打包操作使用的是半自动打包机，打包过程比手动打包机简便。打包操作步骤见表 2—8。

表 2—8　　打包操作步骤

序号	图示	说明
1		利用半自动打包机，将封好口的包装箱按照“井”字形打包
2	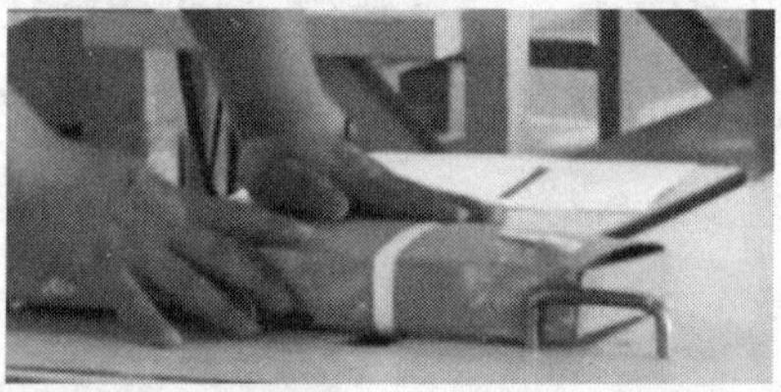	完成第一条带子打包
3	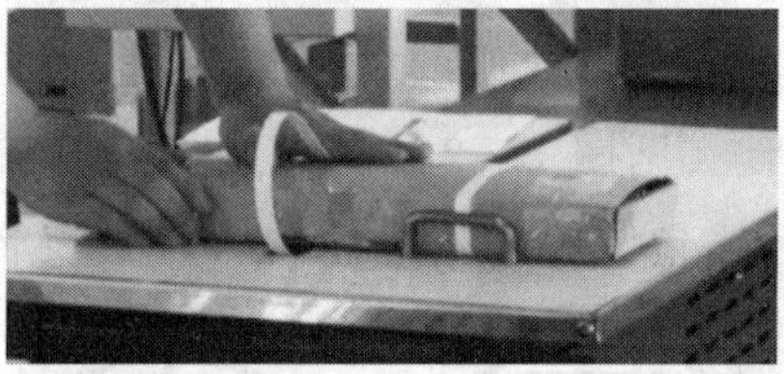	进行第二条至第四条带子打包

6. 设备归位

包装作业结束后，学生应把工具和设备等进行归位，以便下一次操作。

课题三　认识货物包装标志

包装标志是指用简单、明了的文字、符号、图形在外包装上做特定的说明，其目的是便于运输、储存、保管、养护和完成收发货手续。商品运输、储存、保管中各环节的作业都是按包装标志进行的。按作用不同，包装标志可分为运输标志和注意标志。

一、运输标志

运输标志也称“唛头”，一般印刷在运输包装的明显部位，主要作用是在货物运输途中便于有关人员识别货物、核对单证，也便于收货人收货。运输标志是运输包装标志中最重要的标志，包括标准化运输标志、识别标志和运输包装收发货标志。

1. 标准化运输标志

标准化运输标志由联合国欧洲经济委员会简化国际贸易程序工作组制定，向各国推荐使用。该标志包括收货人或买方名称的英文缩写字母或简称、参考号（如运单号、订单号或发票号）、目的地和件号。

2. 识别标志

识别标志又称为附属标志，是用文字、符号、数字、图案和其他说明物等表示某种特殊事物的标记，用以区分各方各类事物，包括主要标志、副标志、件号标志、目的地标志和重量尺码标志。

3. 运输包装收发货标志

国家标准《运输包装收发货标志》（GB 6388—1986）中规定，收发货标志是指外包装件上的商品分类图示标志及其他标志和其他的文字说明排列格式的总称。运输包装收发货标志通常由简单的几何图形（见图 2—2）、字母、数字与文字组成，主要供收、发货人识别产品，便于操作。运输包装收发货标志的含义见表 2—9。

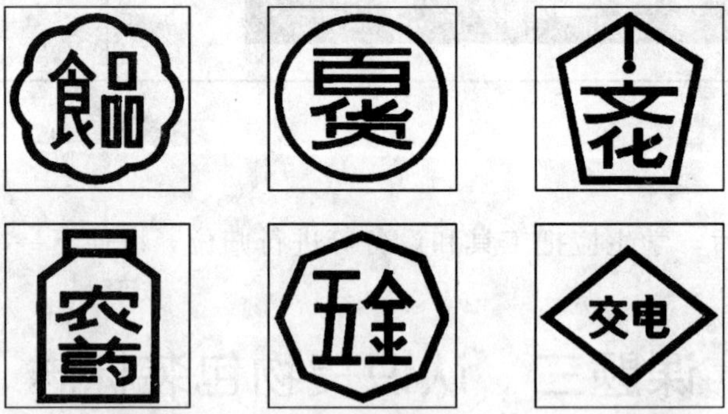

图 2—2　分类图示标志图形

表 2—9　　**运输包装收发货标志的含义**

序号	项目			含义
	代号	中文	英文	
1	FL	商品分类图示标志	CLASSIFICATION MARKS	表明商品类别的特定符号
2	GH	供货号	CONTRACT No.	供应该批货物的供货清单号码（出口商品用合同号码）
3	HH	货号	ART No.	商品顺序编号。以便出入库、收发货登记和核定商品价格
4	PG	品名规格	SPECIFICATIONS	商品名称或代号，标明单一商品的规格、型号、尺寸、花色等
5	SL	数量	QUANTITY	包装容器内含商品的数量
6	ZL	重量（毛重）（净重）	GROSS WT NET WT	包装件的重量（kg），包括毛重和净重
7	CQ	生产日期	DATE OF PRODUCTION	产品生产的年、月、日
8	CC	生产工厂	MANUFACTURER	生产该产品的企业名称
9	TJ	体积	VOLUME	包装件的外径尺寸，长（m）×宽（m）×高（m）=体积（m^3）
10	XQ	有效期限	TERM OF VALIDITY	商品有效期限
11	SH	收货地点和单位	PLACE OF DESTINATION AND CONSIGNEE	货物到达站、港和某单位（人）收（可贴签或书写）
12	FH	发货单位	CONSIGNOR	发货单位（人）
13	YH	运输号码	SHIPPING No.	运输单号码
14	JS	发运件数	SHIPPING PIECES	发运的件数
说明	① 商品分类图示标志一定要有，其他各项合理选用 ② 外贸出口商品根据国外客户要求，以中、外文对照，印制相应的标志和附加标志 ③ 国内销售的商品包装上不填英文项目			

（1）内销产品标志内容

内销产品标志内容包括品名、货号、规格、颜色、体积、生产企业、收发货单位。

（2）出口产品标志内容

出口产品标志内容有目的地标记，收货人、发货人的代用简字或代号，以及件号、体积、重量和原产国。

1）目的地标记。目的地标记是指用来表示商品运往的目的地地名的标记，一般不能用简称、代号或缩写。如果目的地名称有重名的，还应该加上国名，如果货物中途要转船或转运的，则要加上“转运”字样和转运地名称。如果合同有规定，目的地标记也可以列入主要标记中。

2）原产地标记。原产地标记通常用来标明制造、生产、加工的国别。现在不少国家的海关要求进口的商品必须标明原产国，否则不准进口。

3）件号标记。件号标记是同一个主要标记的一批商品按照顺序编的编号。例如，7/100 中的数字“7”表示该件商品在整批商品中的编号，数字“100”表示该商品的总件数。

4）体积和重量标记。体积标记标明每一件商品的实际尺寸（长×宽×高）。重量标记标明产品的毛重、皮重、净重。标明体积和重量标记的目的是便于计算运费、装卸和积载。

为了适应货运量的变化、运输方式的改革、电子技术和网络技术的应用，国际标准化组织要求规范运输标志，将运输标志简化为四项：收货人或买方名称的英文缩写字母或简称、参考号（如发票号、运单号）、目的地、件号。列为四行，每行不超过 17 个印刷符号，并要求能用打字机一次制成，不宜采用几何图形。

二、注意标志

注意标志指明了货物在搬运、装卸、保管过程中应予注意的具体事项。注意标志包括两种标志，即用于标识普通易损坏货物的指示标志和用于标识危险货物危险特性的危险货物包装标志。

1. 指示标志

指示标志又称“包装储运图示标志”，是为了正确操作、安全装卸、方便存放而印刷在货物包装上的标志，一般以简单、醒目的图形或文字在包装上粘贴、涂抹或装订，以表达特定的含义。国家标准《包装储运图示标志》（GB/T 191—2008）给出了 17 种指示标志，见表 2—10。

表 2—10　　　　　　　　　　　　　**常见的指示标志**

序号	标志名称	图形符号	标志	含义	说明及示例
1	易碎物品			表明运输包装件内装易碎物品，搬运时应小心轻放	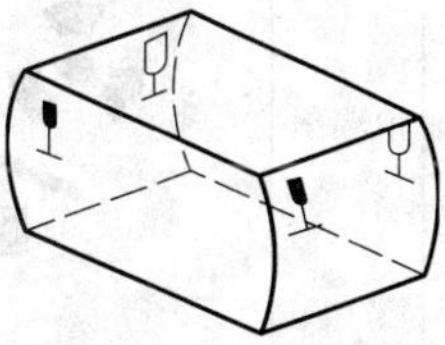
2	禁用手钩	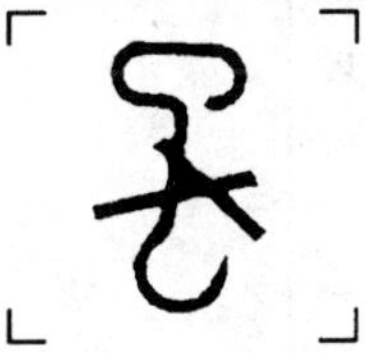		表明搬运运输包装件时禁用手钩	
3	向上		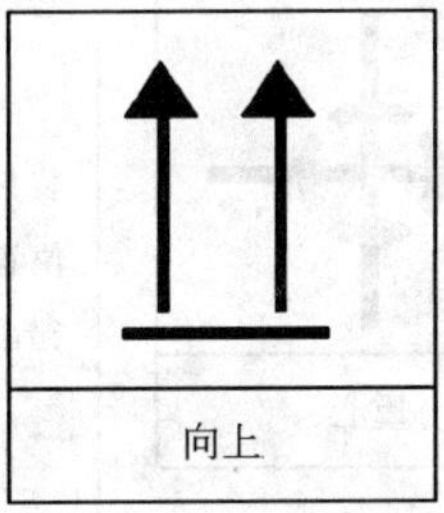	表明该运输包装件在运输时应竖直向上	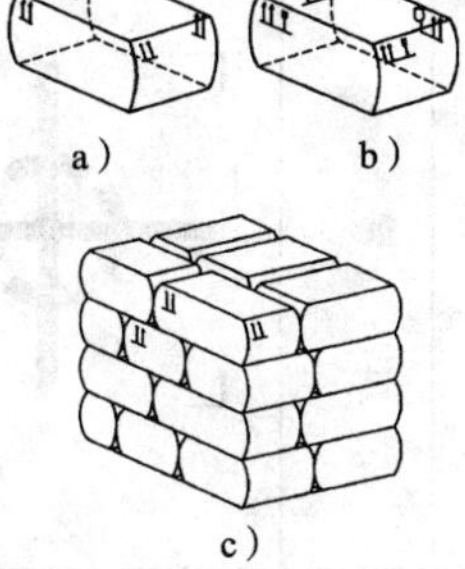
4	怕晒	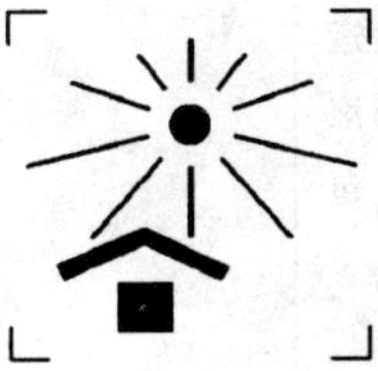	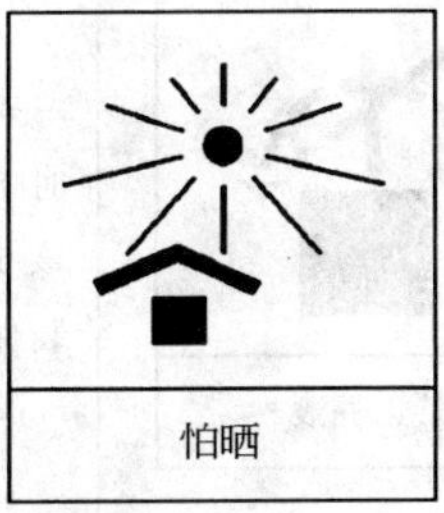	表明该运输包装件不能直接照晒	

续表

序号	标志名称	图形符号	标志	含义	说明及示例
5	怕辐射		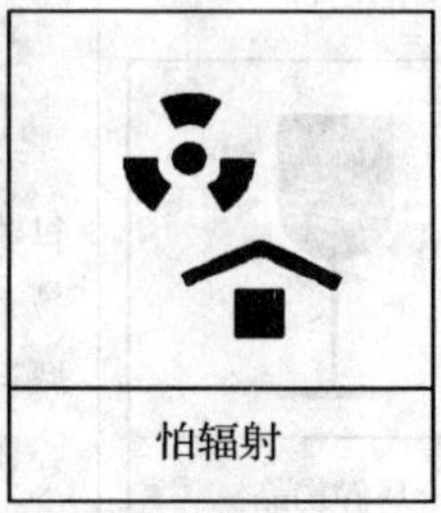	表明该物品一旦受辐射会变质或损坏	
6	怕雨			表明该运输包装件怕雨淋	
7	重心		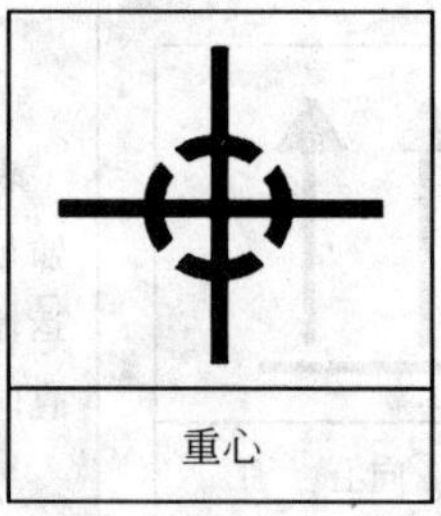	表明该包装件的重心位置，便于起吊	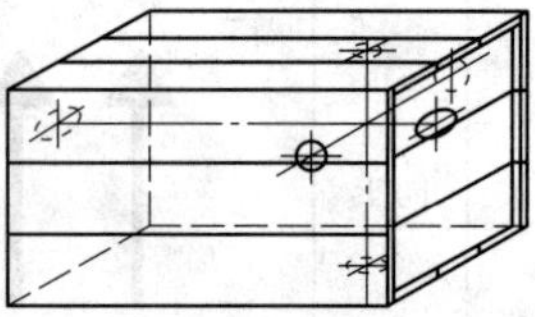
8	禁止翻滚			表明搬运时不能翻滚该运输包装件	

续表

序号	标志名称	图形符号	标志	含义	说明及示例
9	此面禁用手推车			表明搬运货物时此面禁止放在手推车上	
10	禁用叉车		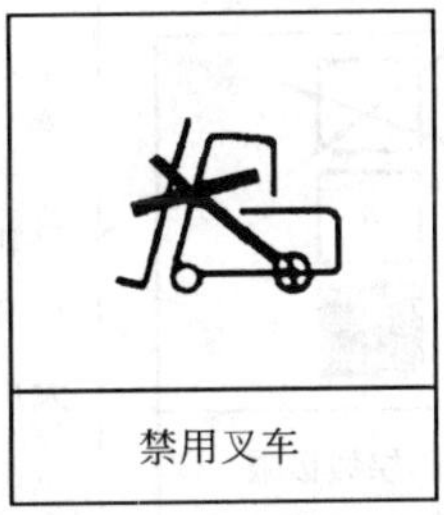	表明不能用升降叉车搬运的包装件	
11	由此夹起	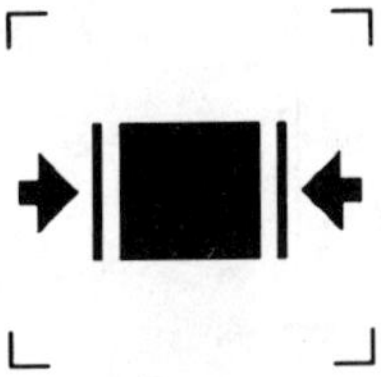	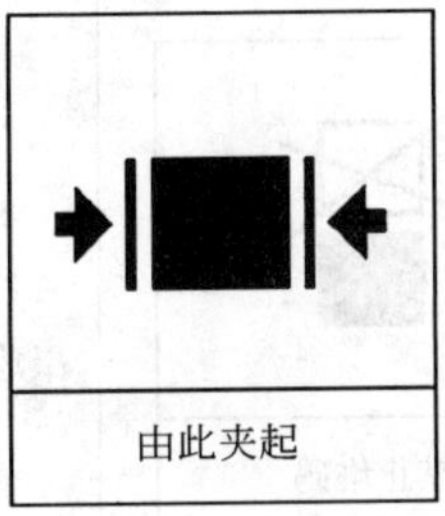	表明搬运货物时可以夹持的面	
12	此处不能卡夹	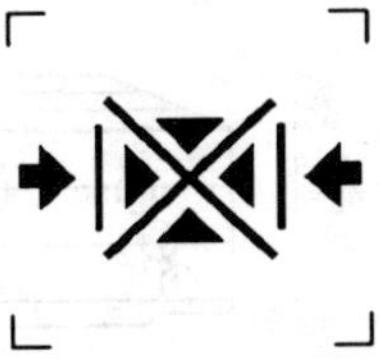	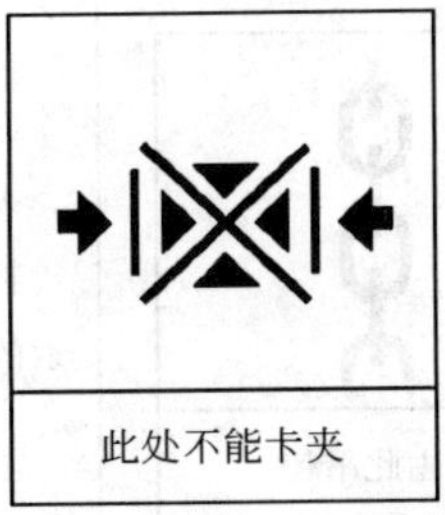	表明搬运货物时不能夹持的面	

续表

序号	标志名称	图形符号	标志	含义	说明及示例
13	堆码质量极限			表明该运输包装件所能承受的最大质量极限	
14	堆码层数极限	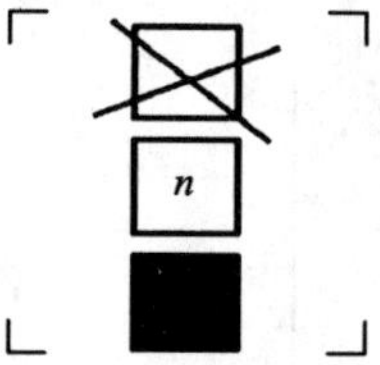	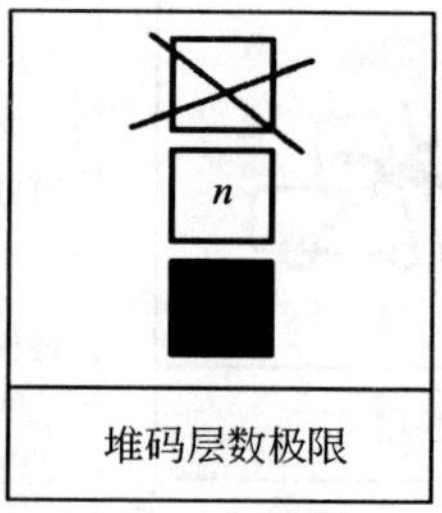	表明可堆码相同运输包装件的最大层数	包含该包装件，n 表示从底层到顶层的总层数
15	禁止堆码	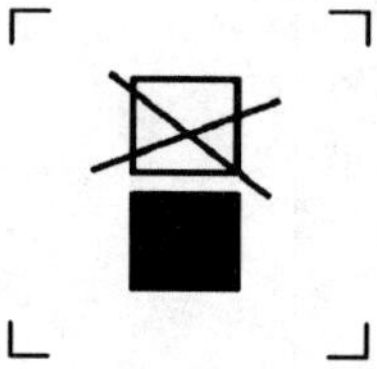	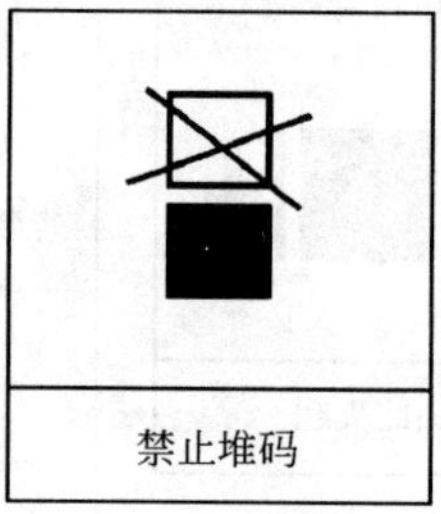	表明该包装件只能单层放置	
16	由此吊起	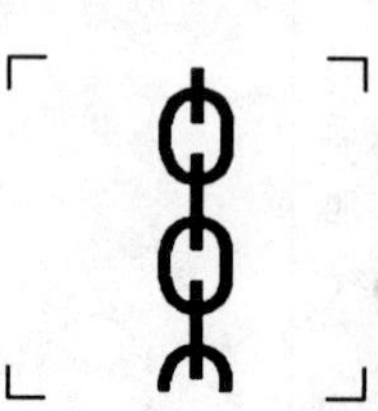	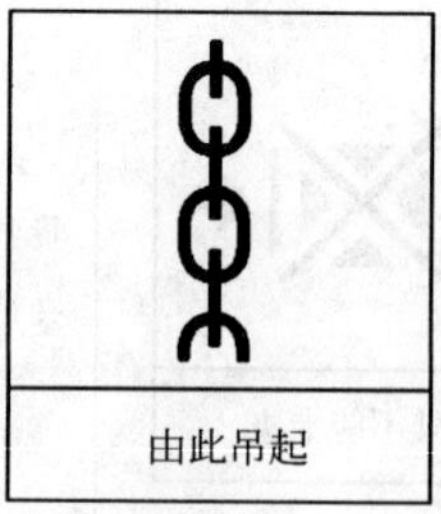	表明起吊货物时挂绳索的位置	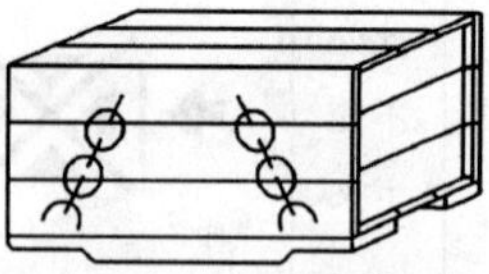

续表

序号	标志名称	图形符号	标志	含义	说明及示例
17	温度极限	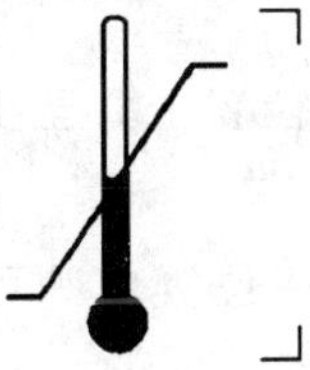	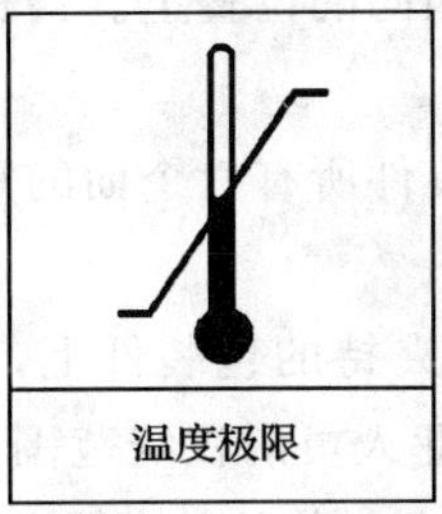	表明该运输包装件应该保持的温度范围	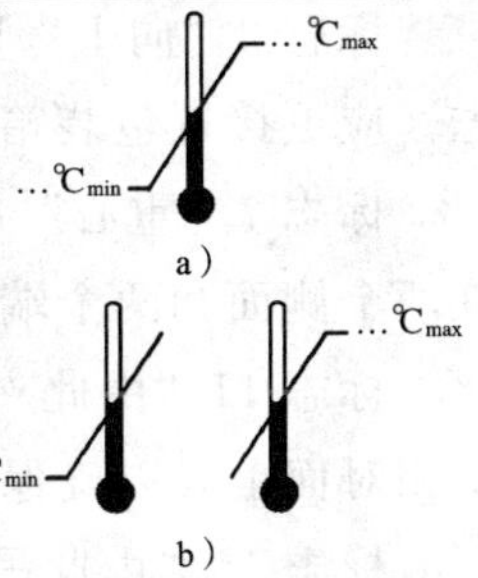

(1) 指示标志的颜色

指示标志颜色应为黑色。如果包装的颜色使得黑色标志显得不清晰，则应在印刷面上用适当的对比色，最好以白色作为图示标志的底色。应避免采用易与危险品标志相混淆的颜色。除非另有规定，一般应避免采用红色、橙色或黄色。

(2) 指示标志的尺寸

指示标志的尺寸一般分为四种，见表 2—11。如遇特大或特小的运输包装件，标志的尺寸按此表中的规定适当扩大或缩小。

表 2—11　　　　指示标志的尺寸　　　　mm

号别＼尺寸	长度	宽度
1	70	50
2	140	100
3	210	150
4	280	200

(3) 指示标志的使用方法

1）标志制作可采用印刷、粘贴、拴挂、钉附及喷涂等方法。印刷时，外框线及标志名称都要印上；喷涂时，外框线及标志名称可省略。

2）标志的数目和位置

① 一个包装件上使用相同标志的数目应根据包装件的尺寸和形状决定。

② 标志在各种包装件上的粘贴位置

箱类包装：位于包装箱端面或侧面的明显处。

袋类包装：位于包装袋明显处。

桶类包装：位于桶身或桶盖。

集装单元体包装：位于四个侧面。

③ 标志使用规定

标志 1“易碎物品”应标在包装件所有四个侧面的左上角处。

标志 3“向上”应标在与标志 1 相同的位置上。当标志 1 和标志 3 同时使用时，标志 3 应更接近包装箱角。

标志 7“重心”应尽可能标在包装件所有六个面的重心位置上，至少也应标在包装件两个侧面和两个端面上。

标志 11“由此夹起”只能用于可夹持的包装件上，标注位置应为可夹持位置的两个相对面上，以确保作业时标志在作业人员的视线范围内。

标志 16“由此吊起”至少应标注在包装件的两个相对面上。

2. 危险货物包装标志

危险货物包装标志一般粘贴于有毒品、易燃品、腐蚀性物品、爆炸品、放射性物品等货物的运输包装或外包装表面，是用来表示危险货物的物理性质、化学性质、危险程度，从而提醒人们在运输、储存、保管、搬运等活动中引起注意的文字或图形说明。根据国家标准《危险货物包装标志》（GB 190—2009），危险货物包装标志见表 2—12。

表 2—12　危险货物包装标志

标志名称	图示	说明
爆炸性物质或物品		符号：黑色；底色：橙红色；数字“1”写在底角
易燃气体		符号：黑色或白色；底色：正红色；数字“2”写在底角

续表

标志名称	图示	说明
非易燃无毒气体		符号：黑色或白色；底色：绿色；数字“2”写在底角
毒性气体		符号：黑色；底色：白色；数字“2”写在底角
易燃液体		符号：黑色或白色；底色：正红色；数字“3”写在底角
易燃固体		符号：黑色；底色：白色加上七条竖直红色条带；数字“4”写在底角

续表

标志名称	图示	说明
易于自燃的物质		符号：黑色；底色：上半部为白色，下半部为红色；数字“4”写在底角
遇水放出易燃气体的物质		符号：黑色或白色；底色：蓝色；数字“4”写在底角
氧化性物质		符号：黑色；底色：柠檬黄色；数字“5.1”写在底角
有机过氧化物		符号：黑色或白色；底色：红色和柠檬黄色；数字“5.2”写在底角

续表

标志名称	图示	说明
毒性物质		符号：黑色；底色：白色；数字“6”写在底角
感染性物质		符号：黑色；底色：白色；数字“6”写在底角
一级放射性物质		符号：黑色；底色：白色，附一条红竖条；文字（强制性要求）：在标志的下半部分用黑体标出 RADIOACTIVE（放射性）、CONTENTS（内容物名称）、ACTIVITY（强度），紧跟“放射性”字样的后面标上一条垂直的红色短杠；数字“7”写在底角
腐蚀性物质		符号：黑色；底色：上半部白色，下半部黑色带白边；数字“8”写在底角

续表

标志名称	图示	说明
杂项危险物质和物品	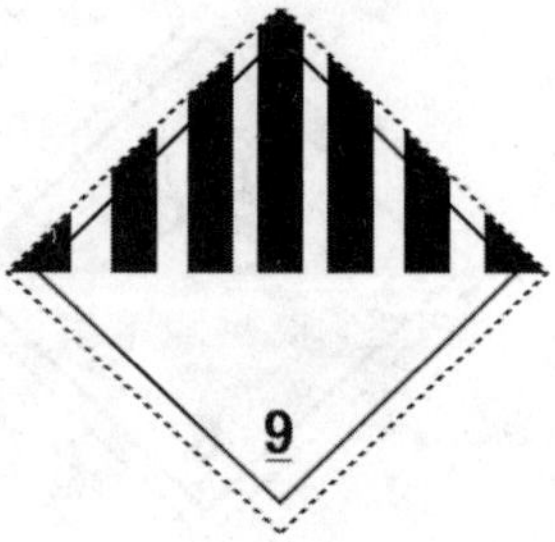	符号：黑色；底色：白色；数字“9”写在底角

技能训练

商品运输、储存、保管中各环节的作业都是按包装标志进行的，所以要在外包装上面印上标志。本技能训练为设计电冰箱（见图 2—3）外包装上的标志。

图 2—3　电冰箱

1. 分组布置

班长根据班级情况进行分组，各组自选组长，并报授课教师。组长对本组成员进行分工，并组织本组学生完成以下操作，授课教师在旁边进行辅导。

2. 包装标志选择

各组学生对包装标志的选择进行讨论，然后参照表 2—13 进行标志选择的说明。

表 2—13　　　　　　　　　　**包装标志选择**

序号	图示	说明
1		电冰箱属于禁磕碰品，需添加此标志，提示搬运时需小心轻放
2		搬运电冰箱时，箱体最大倾斜角不能超过 45°，更不能倒置或横放，否则会使压缩机中的冷冻油流入制冷管路，影响制冷，而且易造成压缩机脱簧。因此，需添加此标志，提示正确位置是竖直向上
3	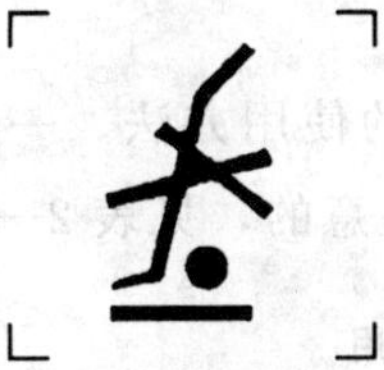	理由同上，需添加此标志，提示搬运电冰箱时此面禁用手推车
4		理由同上，需添加此标志，提示搬运时不能翻滚运输包装件
5	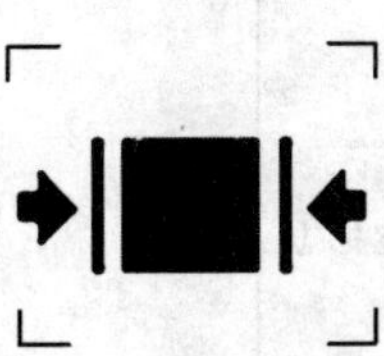	理由同上，需添加此标志，提示装卸电冰箱时允许夹持的面

续表

序号	图示	说明
6		电冰箱外包装是纸质的，怕湿，而且电冰箱本身也要防止雨淋水浸，因此，需添加此标志，提示包装件怕雨淋
7	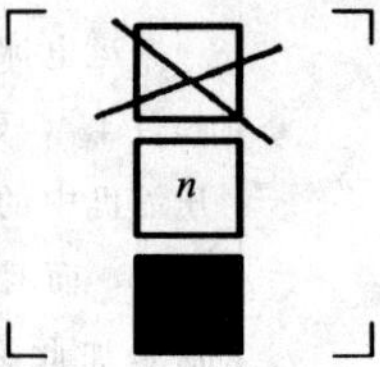	提示相同包装的最大堆码层数，其中 n 表示层数极限

3. 包装标志的使用

明确了包装上面的标志后，还要明确标志的使用方法。一般箱类包装的标志位于包装箱端面或侧面，其中有几个标志是要特别注意的，见表 2—14。

表 2—14　　　　包装标志使用

序号	标志	使用方法	图示
1		各侧面都需要添加此标志	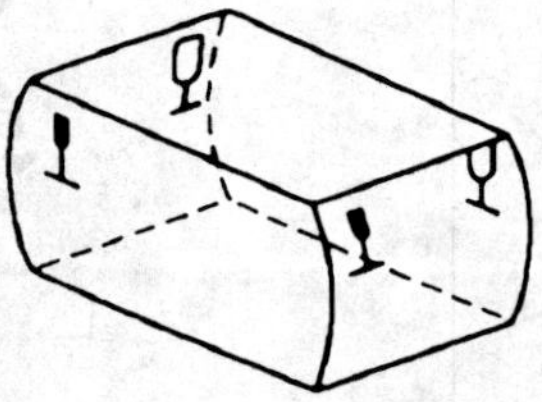
2		各侧面都需要添加此标志	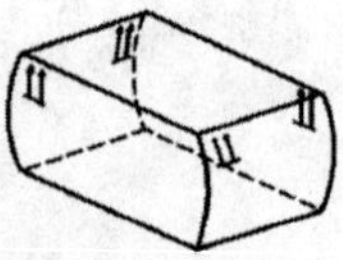

续表

序号	标志	使用方法	图示
3	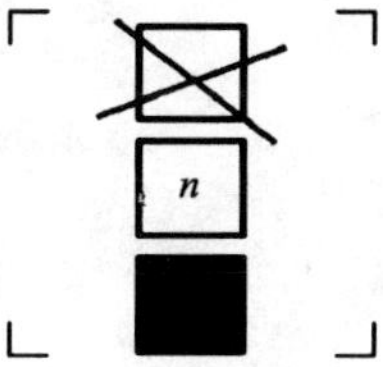	n 是从底层到最高层的最大层数，在此，电冰箱的最高层高定为 2	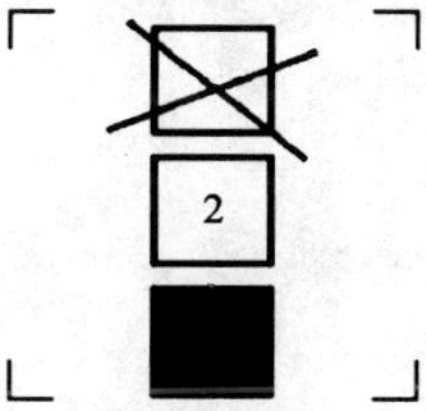

4. 完成设计

（1）各个面的包装标志设计图如图 2—4、图 2—5、图 2—6 所示。

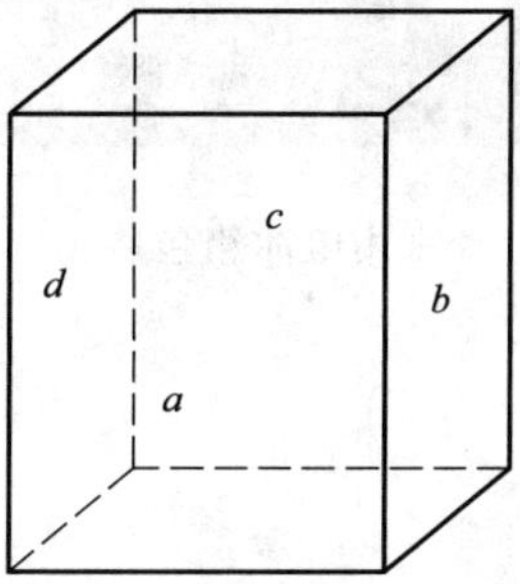

图 2—4　电冰箱包装设计示意图

图 2—5　电冰箱 a 面包装设计示意图

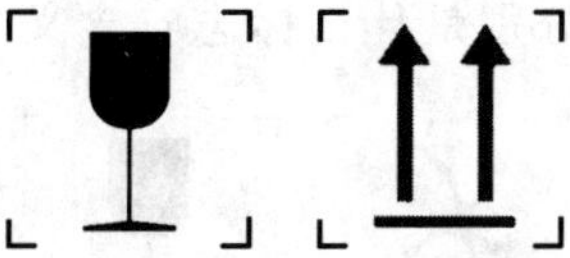

图 2—6　电冰箱 b、c、d 面包装设计示意图

（2）本例实际包装如图 2—7 所示。

图 2—7　家用电冰箱包装箱（正面）

思考练习题

1. 简述包装的概念。
2. 货物包装的主要功能是什么？
3. 按包装在流通中的作用不同，包装可分为哪几类？
4. 货物包装的方法有哪些？
5. 常见的包装容器有哪些？
6. 瓦楞纸箱作为包装容器有什么特点？
7. 运输包装收发货标志由哪几部分组成？
8. 货物包装标志包括哪些内容？
9. 图 2—8 中所示四种标志分别是什么标志？含义分别是什么？

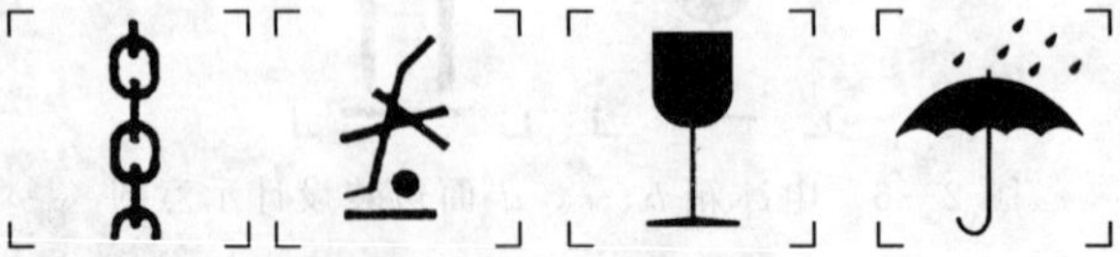

图 2—8　第 9 题图

模块三　货物检验

课题一　货物抽样检验

货物检验是指依据合同、标准或有关法律、法规和惯例，运用科学手段对在生产领域和进入流通领域的货物进行检验、鉴定，以证实或判断该货物在物流过程中的品质、数量、重量、安全、卫生、包装及其运载工具等方面的情况和状态，综合评定货物质量优劣，确定货物品级的活动。

一、货物检验的内容和分类

货物检验的内容包括货物数量检验、货物质量检验和货物包装检验。货物数量检验包括货物重量、数量和尺寸的检验。货物质量检验包括货物成分、规格、等级、性能、安全、卫生等内在质量和外观质量的检验。货物包装检验包括对货物包装标志、包装材料、包装种类、包装方法等的检验，目的是确定货物包装是否完好、牢固。

货物检验根据目的不同，可分为第一方检验、第二方检验和第三方检验；根据检验对象流向不同，可分为内销货物检验和进出口货物检验；根据有无破坏性，可分为破坏性检验和非破坏性检验；根据检验货物相对数量不同，可分为全数检验、抽样检验和免于检验三种。

二、抽样检验的分类

抽样检验是指按照事先已确定的抽样方案，从被检批次货物中随机抽取少量样品组成样本，再对样本中的样品逐一进行测试，并将检测结果与合同技术要求进行比较，最后由样本质量状况统计推断受检批次货物整体质量合格与否的货物检验方法。抽样检验适合批量较大、价值较低、质量特性多且质量较稳定的货物或具有破坏性的货物的检验。

抽样检验可按不同的依据进行分类，见表 3—1。

表 3—1　　抽样检验的分类

分类方法	分类	含义
按货物质量特性分类	计量抽样检验	对样本中每一件货物的质量特性进行测量，再将测量结果与预先规定的判断标准进行比较，判定受检批次货物是否合格
	计数抽样检验	从待检批次货物中抽取一定数量的样品，检验其中每个样品的质量，然后统计合格品数，再与规定的“合格判定数”比较，由此判定该批货物是否合格
按抽取样本的次数分类	一次抽样检验	只抽取一次样本进行检验就判定接受或拒收该批货物
	二次抽样检验	最多抽取两次样本进行检验，然后判定接受或拒收该批货物
	多次抽样检验	进行三次以上（常见的是五次）样本检验，根据样本积累结果做出接受该批货物、拒收该批货物或抽取下一样本的决定
按抽样方案是否调整分类	调整型抽样检验	根据连续若干批货物质量变化情况，按转移规则及时转换抽样检验方案，以维护买卖双方的利益。由正常、加严、放宽等不同抽样检验方案与转移规则联系在一起，组成一个完整的抽样检验体系。适用于各批质量有联系的连续批货物的质量检验
	非调整型抽样检验	其单个抽样检验方案不考虑货物批的质量历史，使用中没有转移规则，因此容易为质检人员所掌握，但只适用于孤立批的质量检验

三、抽样检验的方法和影响因素

1. 抽样方法

待检货物是否合格需要根据检验结果是否被抽样检验标准接受来判断。抽样检验涉及确定抽样方案和抽样方法、检验判定程序和检验后处理等问题。抽样方法主要有以下几种，见表 3—2。

表 3—2　　抽样方法

抽样方法	内涵	优缺点
简单随机抽样	从批量为 N 的被检批中抽取 n 个单位组成样本，共有 C 种组合，每种组合被抽取的概率都相同	误差小，但抽样手续比较繁杂
分层随机抽样	把批量为 N 的被检批分成各为 N_1 个、N_2 个直至 N_i 个货物组成的 i 层，使每层内货物质量尽可能均匀整齐，$N=N_1+N_2+\cdots+N_i$，然后在每层分别按简单随机抽样法取样，最后合在一起组成一个样本	抽取的样本代表性好，但是要注意分层的合理性

续表

抽样方法	内涵	优缺点
系统随机抽样	按一定的规律从整批货物中抽取样品	操作简单，比较客观，实施起来不易出差错，在生产现场使用率很高。适用于各种货物、各种批量的抽样
典型抽样	按照货物的质量状况抽取典型的样品，以较少的试样分析估计整批货物质量状况	判断抽样是主观的，样本选择的好坏取决于调研者的判断、经验、专业程度和创造性。成本低，容易操作

2. 确定抽检比例的影响因素

确定抽检比例是进行货物抽样检验的前提。选择合适的抽样检验比例，既可以加快货物流通的速度，提高工作效率，又可以降低检验成本。抽样检验比例的确定首先应该以合同规定为准，当合同没有规定时，一般应该考虑以下因素。

（1）货物价值

价值高的货物抽检比例大，反之则小。有些价值特别高的货物应全数检验。

（2）货物性质

性质不稳定、容易变质和容易混入杂质的货物，应提高抽检比例或进行全数检验；反之应降低抽检比例。

（3）气候条件

在雨季或梅雨季节，应增大怕潮湿货物的抽检比例；在冬季，应提高怕冻货物的抽检比例，或全数检验；反之应降低抽检比例。

（4）运输方式和运输工具

采用容易影响货物质量的运输方式和运输工具运送的货物的抽检比例应提高；反之应降低。

（5）厂商信誉

信誉好的厂商生产的货物，抽检比例应降低；反之则应提高。

（6）生产技术

生产技术水平高、产品质量较稳定的货物，抽检比例应降低；反之则应提高。

（7）储存时间

储存时间长的货物，抽检比例应提高；反之则应降低。

技能训练

2019年4月，某配送中心有一批货物到库，到货单见表3—3。仓库经理派实习营业员对该批货物进行验收。请根据送货情况，帮助该营业员制定一份“抽样检验计划书”。

表3—3　到货单

收货单位：××配送中心

地址：××路586号　　电话：××××××××　　2019年4月23日

货号	名称规格	单位	数量	单价	金额
001	康师傅红烧牛肉面	箱	50		
002	浪琴女式手表	盒	15		
003	好时节散装茶叶	袋	35		
004	茶花玻璃杯	箱	5		
005	金龙鱼大米	袋	60		
合计金额					

收货单位及经手人：　　送货单位及经手人：　　制单：

1. 分组布置

班长根据班级情况进行分组，各组自选组长，并报授课教师。组长组织本组学生对任务进行分析讨论，完成以下操作，授课教师在旁边进行辅导。

2. 分析货物的抽样方式

根据到货单中所到的货物情况，组长组织本组学生进行分析讨论，填写表3—4，组长汇总本组讨论结果，并将汇总结果进行展示，各组间进行讨论汇总，授课教师进行指导点评。

表3—4　货物的抽样方式

货物名称	数量（单位）	抽样方式	选择原因
康师傅红烧牛肉面	50箱		
浪琴女式手表	15盒		

续表

货物名称	数量（单位）	抽样方式	选择原因
好时节散装茶叶	35 袋		
茶花玻璃杯	5 箱		
金龙鱼大米	60 袋		

3. 分析确定货物抽样比例的影响因素，选择合适的抽样方法

根据对货物抽样方式的分析，组长组织本组学生对确定该货物抽样比例的影响因素进行分析，并确定货物的抽样方法，填写表 3—5，组长对本组讨论结果进行汇总，并将汇总结果进行展示，各组间进行讨论汇总，授课教师进行指导点评。

表 3—5　　确定抽样方法

货物名称	抽检比例	确定抽检比例的考虑因素	抽样方法/方法简述	选择原因
康师傅红烧牛肉面				
浪琴女式手表				
好时节散装茶叶				
茶花玻璃杯				
金龙鱼大米				

4. 制定“抽样检验计划书”

根据前面完成的分析结果，以小组为单位进行讨论，制定表 3—6 所示的“抽样检验计划书”，每组组长进行展示汇报，并上交方案。授课教师进行指导点评。

表 3—6　　抽样检验计划书

项目		内容
目的		为货物的抽样检验提供导向
适用范围		需要货物验收及检验的作业
职责	管理人员	
	检验人员	
	仓库人员	
	全体员工	

续表

项目		内容
程序内容	抽样方式	
	抽样比例	
	抽样方案	
	不合格货物判定及处理	
	检查与记录	

课题二 货物数量检验

一、计件检验

计件检验是在货物验收时以件数为计量单位清点数量的方法。一般情况下，计件货物应全部逐一清点。有固定包装物的小件商品，如果包装完好，打开包装会对保管不利。因此，国内货物只检查外包装，不拆包检查；进口商品按合同或惯例办理。常见的计件数量检验方法见表 3—7。

表 3—7 常见的计件数量检验方法

方法	作业要求	适用货物
逐件点数法	采用人工或简易计算器，逐一计数，累计求得总数	散装、非固定包装的货物
集中堆码点数法	把货物按照每行、每层件数一致的原则堆成固定的垛形，然后通过计算得出总数	花色品种单一、包装大小一致、数量大或体积较小的货物
抽检法	按照一定比例对货物进行开箱点数	批量大、采用定量包装的货物

二、检斤检验

检斤检验是在验收货物时以重量为计量单位清点数量的方法。在数量验收时需要称重，所以需用到一些测重工具。金属材料、某些化工产品多采用检斤验收。检斤验收通常采用重量换算法，其作业要求是通过过磅称得货物重量，然后换算成货物数量，适用于包装标准、货物标准且重量一致的货物。

检斤需要特定的单据和工具（见图 3—1）。

图 3—1　电子地磅

三、检尺求积检验

检尺求积检验是对以体积为计量单位的商品（如木材、竹材、砂石等）通过先检尺后求体积进行验收的数量检验方法。凡是经过检尺求积检验的商品，都应该填写磅码单。如图 3—2、图 3—3、图 3—4 所示是一些简单的测量工具。

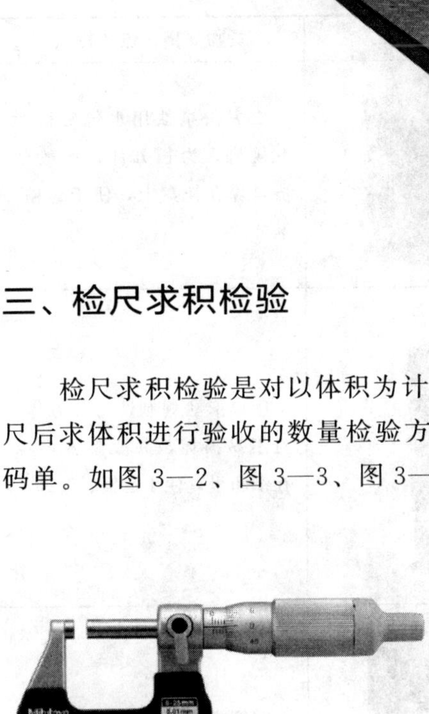

图 3—2　外径千分尺

图 3—3　游标卡尺

图 3—4　钢卷尺

技能训练

2019 年 5 月，某仓库需要对一批物资（肥皂、白糖、农夫山泉饮用水、木质板材、电视机、6 m 长定尺交货钢管、3 000 mm×1 000 mm×10 mm 钢板等，每种数量若干）进行数量验收。请利用数量检验的各种方法及设备，对相应货物数量进行清点，从而做好验收入库工作。

1. 分组布置

班长根据班级情况进行分组，各组自选组长，并报授课教师。组长对本组成员进行分工，并组织本组学生完成相应操作，授课教师在旁边进行辅导。首先熟悉各种货物的特点及包装，见表 3—8，以小组为单位观察货物。

表 3—8　　　　货物的特点及包装

货物编号	货物名称	货物实物图片	货物规格、包装特点
1	农夫山泉饮用水		农夫山泉饮用水包装箱形状规则，为长方体，一般整齐堆垛在托盘上，便于运输、装卸
2	肥皂		肥皂形状规则，为长方体，且不易损坏，一般整齐堆垛在纸箱里，便于运输、装卸
3	6 m 长定尺 交货钢管		钢管规格相同，形状相同，19 根一捆，捆绑规则整齐。通过堆垛避免钢管滑动
4	3 000 mm× 1 000 mm×10 mm 钢板		钢板打捆整齐，便于测量、清点数量

续表

货物编号	货物名称	货物实物图片	货物规格、包装特点
5	白糖		白糖为定量包装，定量出售。要抽检，核对每包是否足量
6	木质板材		木质板材形状规则，为长方体。一般通过测量工具测量长、宽、高，确定板材体积数量
7	电视机		电视机包装体积大，一次运输数量有限

2. 完成农夫山泉饮用水的数量检验

本技能训练将以表 3—8 中的农夫山泉饮用水为例进行货物的数量检验。

（1）选择合适的检验方法（见表 3—9）

表 3—9　　选择合适的检验方法

序号	图示	说明
1	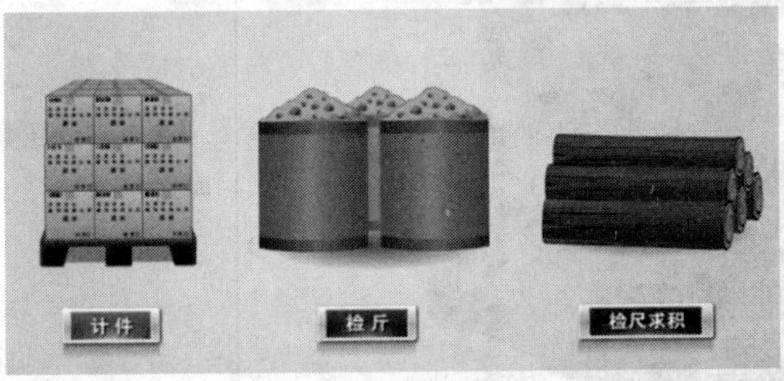	按货物的性质及包装情况选择合适的检验方法

续表

序号	图示	说明
2		根据农夫山泉饮用水的性质及包装特点，选用计件的方法清点数量

（2）清点单个托盘上的箱数（见表 3—10）

表 3—10　　清点单个托盘上的箱数

序号	图示	说明
1		清点单层数量：清点最上层横排 3 箱，纵排 4 箱，单层为 12 箱
2		清点码放层数：从上到下，共四层

续表

序号	图示	说明
3	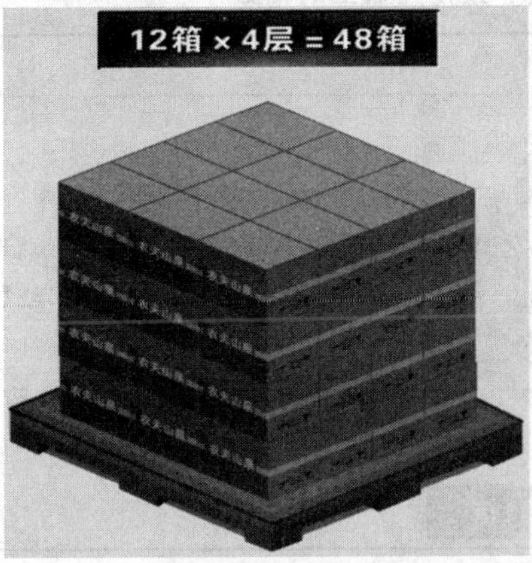	计算单个托盘总箱数：单层箱数×层数＝单个托盘总箱数，共48箱

（3）清点托盘数量（见表3—11）

表3—11　　清点托盘数量

序号	图示	说明
1		清点整托托盘数量：整托托盘6个
2		清点非整托托盘数量：非整托托盘1个

（4）清点非整托托盘上的箱数（见表 3—12）

表 3—12　　清点非整托托盘上的箱数

图示	说明
	清点非整托托盘上的箱数：单层整数×堆满的箱数＋最上层数量＝非整托托盘上的箱数，共 31 箱

（5）计算总数量（见表 3—13）

表 3—13　　计算总数量

图示	说明
	计算总数量：单个托盘总箱数×整托的托盘数＋非整托托盘上的箱数＝总箱数，共 319 箱

（6）异常情况处理（见表 3—14）

表 3—14　　异常情况处理

序号	图示	说明
1		认真检查有无数量短缺，出现数量短缺时，与送货人员共同确认实际数量

续表

序号	图示	说明
2	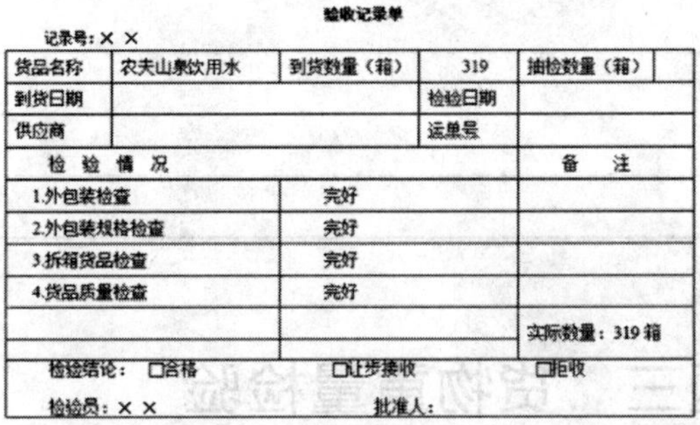	确认好实际数量后，填写验收记录单

验收记录单

记录号：× ×

货品名称	农夫山泉饮用水	到货数量（箱）	319	抽检数量（箱）	
到货日期			检验日期		
供应商			运单号		
检 验 情 况				备 注	
1.外包装检查		完好			
2.外包装规格检查		完好			
3.拆箱货品检查		完好			
4.货品质量检查		完好			
				实际数量：319 箱	

检验结论：　□合格　□让步接收　□拒收

检验员：× ×　批准人：

注意：在清点货物时，易碎易断的货物要轻拿轻放。通过称重来进行重量换算求总量的货物，称重时要除去包装箱的重量。

3. 选择数量检验方法

各组学生讨论并填写其余货物的数量检验方法，见表 3—15。

表 3—15　　其余货物的数量检验方法

货物编号	货物名称	数量检验方法及工具	选择的原因
2	肥皂		
3	6 m 长定尺交货钢管		
4	3 000 mm×1 000 mm×10 mm 钢板		
5	白糖		
6	木质板材		
7	电视机		

4. 完成货物数量检验

在分析填写完成其余货物的数量检验方法之后，各组学生分别选择表 3—15 中的 2～7 号货物中的一种，以小组为单位完成这种货物的数量检验，并填写完整该货物数量检验的具体做法，见表 3—16。

表 3—16　　货物数量检验步骤

序号	步骤	具体做法
1	分析货物特点及包装	
2	选择检验数量的方法	

续表

序号	步骤	具体做法
3	清点数量（1）	
4	清点数量（2）	
5	计算总量	
6	异常处理	

课题三　货物重量检验

一、常用测重仪

常用测重仪的比较见表 3—17。

表 3—17　　常用测重仪的比较

秤类型	图示	说明
电子台秤	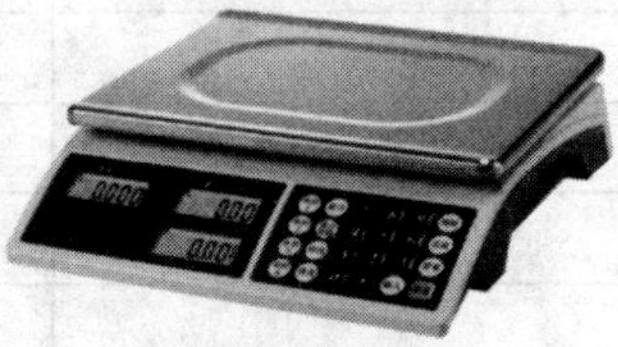	多用于销售称重
磅秤		称重大量的货物
弹簧秤	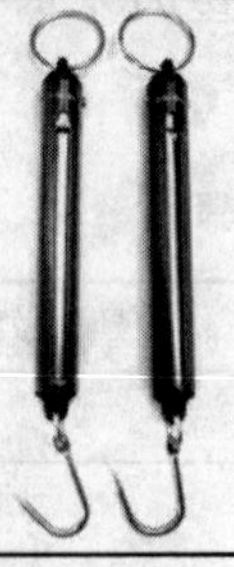	称重袋装的轻便货物

续表

秤类型	图示	说明
叉车电子秤		称重托盘码放的货物
电子动物秤		称重活体动物
电子台秤		称重相对较轻的货物
地磅		称重相对较重的货物

二、重量验收方法

常用的重量验收方法有检斤验收法、抄码复衡验收法、平均扣除皮重法、除皮核实法、约定重量法、理论换算法、整车复衡法等，见表 3—18。

表 3—18　　常用的重量验收方法

重量验收方法	说明	适用货物
检斤验收法	非定量包装、无码单的货物进行打捆编号过磅和填制码单	适合非定量包装、无码单的货物
抄码复衡验收法	对定量包装、附有码单的货物，按合同规定比例抽取一定数量的货物过磅	适合定量包装并附有码单的货物
平均扣除皮重法	按一定比例将包装拆下过磅，求得包装的平均重量，然后将未拆除包装的商品过磅，求得该批货物的全部毛重和皮重	需要称毛重与皮重的货物
除皮核实法	选择部分货物分开过磅，分别求得货物的皮重和净重，再与包装上标记的重量进行核对	需要称净重与皮重的货物
约定重量法	存货方与保管方在签订合同时，双方对货物的皮重已按习惯数值有所约定，可遵从其约定重量	存货方与保管方有合同规定皮重
理论换算法	称重困难，有密度值，可通过长度计算体积	适合定尺长度的金属材料、塑料管材
整车复衡法	大宗无包装的货物，检验时将整车引入专用地磅，然后扣除空车重量，即求得货物净重	适合数量大、不易搬动称重的货物

技能训练

2018 年 8 月，某物流公司验收员对某贸易公司要入库的钢材进行重量检验，请协助验收员完成这次检验，并对超市常见货物进行重量检验。

1. 分组布置

班长根据班级情况进行分组，3～4 人结成一组，各组自选组长，并报授课教师。组长对本组学生进行分工，并组织本组学生完成以下操作，授课教师在旁边进行辅导。

2. 货物称量

各组学生根据情况选择称重秤具和钢材，以小组为单位进行货物称重选择。钢材称重步骤见表 3—19。

表 3—19　　钢材称重步骤

<table>
<tr><th>序号</th><th>图示</th><th>说明</th></tr>
<tr><td>1</td><td>

送货单

出货单号 201805151001

客户名单：××贸易公司　　日期：2018年8月15日

编号	货号	产品名称	包装	单位	应收重量	实收重量	备注
1	3568022	螺纹钢/12mm	捆装	捆	613.6 kg		
合计					613.6 kg		

送货人（签字）________　　收货人（签字）________
</td><td>检查送货单</td></tr>
<tr><td>2</td><td>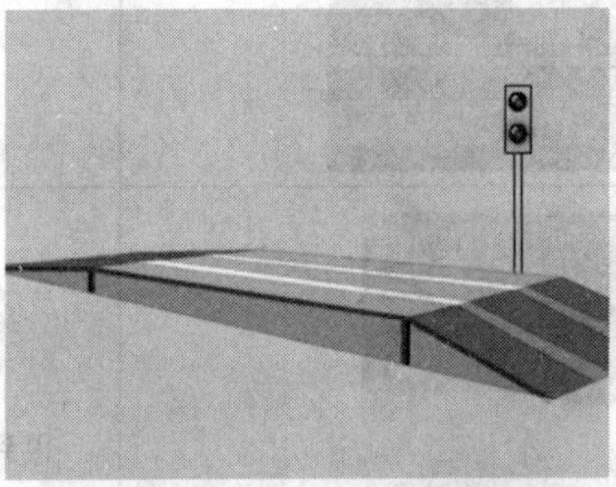</td><td>选择合适的称重工具——地磅</td></tr>
<tr><td>3</td><td>
</td><td>第一次称重，引导送货员将车开到地磅上</td></tr>
<tr><td>4</td><td>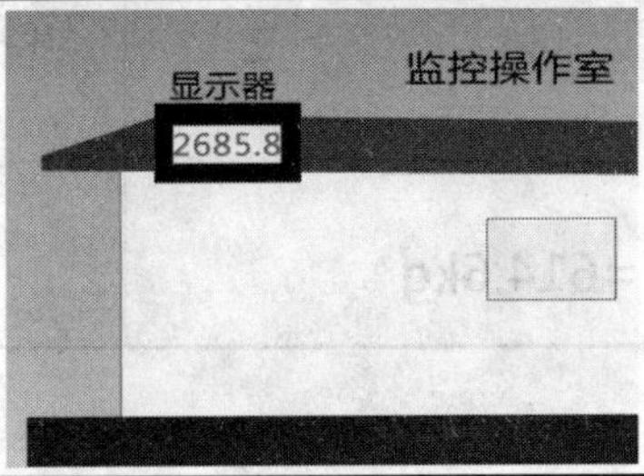
</td><td>得到第一次称重的重量——毛重</td></tr>
</table>

续表

序号	图示	说明
5		卸车作业，将钢材从车内卸下
6	 	称皮重，对空车进行称重
7	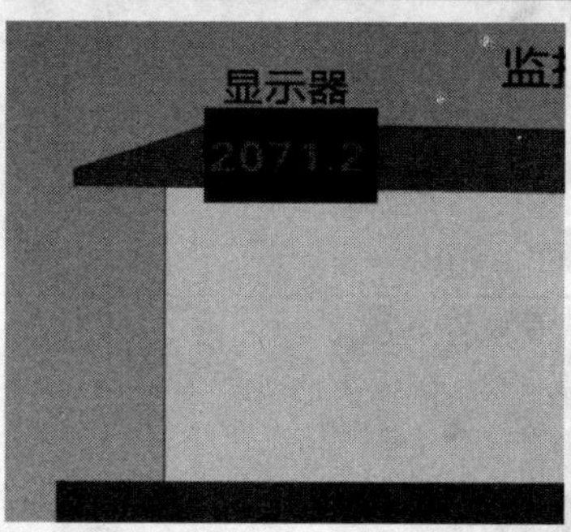 	得到货物的皮重（即空车的重量）
8	毛重－皮重=净重 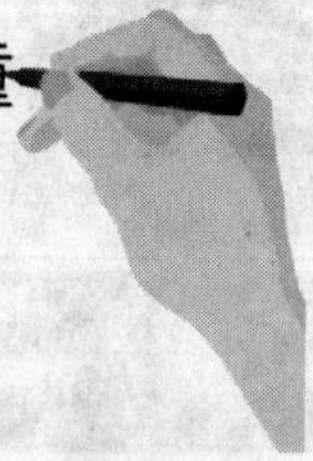 2685.8－2071.2=614.6kg	计算净重

续表

序号	图示	说明
9	 包装 | 单位 | 应收重量 | 实收重量 | 备注 mm | 捆装 | 捆 | 613.6kg 613.6kg 收货人（签字）	实际净重比对送货单上的重量
10	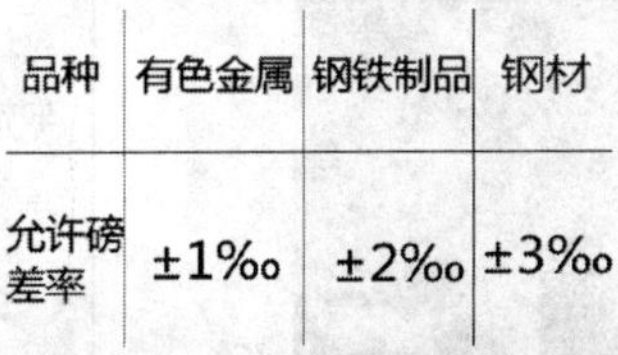 品种 | 有色金属 | 钢铁制品 | 钢材 允许磅差率 | ±1‰ | ±2‰ | ±3‰	发现与实际净重不符时，了解钢材的磅差，验收钢材的过程中允许有±3‰的磅差率
11	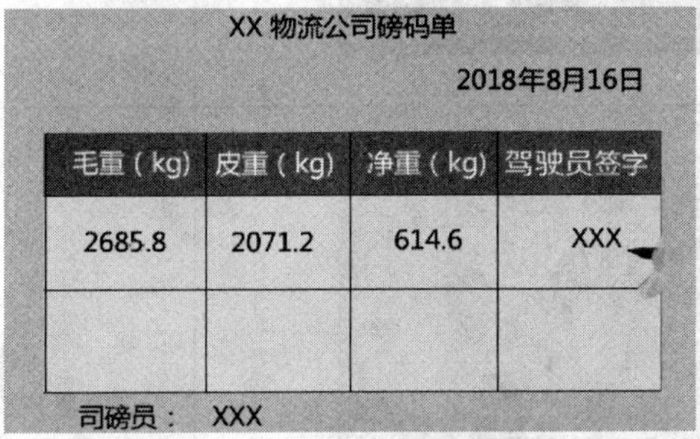 XX 物流公司磅码单 2018年8月16日 毛重（kg）| 皮重（kg）| 净重（kg）| 驾驶员签字 2685.8 | 2071.2 | 614.6 | XXX 司磅员： XXX	填写磅码单，在磅码单上填写毛重、皮重、净重，由司磅员和驾驶员签字确认，货物的重量检验到此结束

钢材称重注意事项见表 3—20。

表 3—20　　钢材称重注意事项

序号	图示	说明
1	 	车辆上磅时，时速不得超过 5 km/h,否则会使得称重不准确

续表

序号	图示	说明
2		车辆上磅后停留不得超过10 min
3	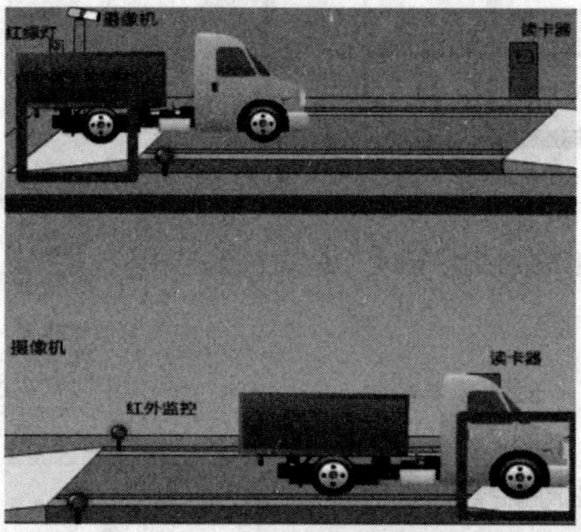	过磅时需认真查看车辆的所有车轮是否完全上磅
4		称毛重和皮重时，应确定空车和重车是否是同一辆车

3. 各组学生完成货物重量检验

各组学生根据情况选择秤具对超市货物进行称重，以小组为单位进行货物称重方法选择。表 3—21 是其中一部分货物的称重方法。

表 3—21　　货物称重方法选择

序号	货物	称重方法
1	苹果（篮）	检斤验收法
2	干鱼（箱）	抄码复衡验收法
3	青菜（筐）	检斤验收法
4	火龙果（箱）	检斤验收法

各组学生选择其中一种货物，按上面分析讨论的重量检验步骤，以小组为单位完成表 3—22 的填写。

表 3—22　　货物重量检验步骤

序号	步骤	具体做法
1	了解货物特点	
2	选择检验重量的方法和工具	
3	步骤（1）	
4	步骤（2）	
5	步骤（3）	
6	称量结束	

课题四　货物质量检验

一、货物质量

货物质量是由各种要素组成的，这些要素也被称为货物所具有的特征和特性。不同的货物具有不同的特征和特性，其总和构成了货物质量的内涵。

1. 货物质量的特征

货物质量具有以下几方面的特征：

（1）货物质量具有客观性

货物是客观存在的，因此，货物质量也是客观存在的，货物质量具有客观性。货物质量的客观性包括货物的成分、结构、强度、弹性、颜色、形态、气味、滋味、手感等。

（2）货物质量具有主观性

质量需要人们去感知、判断、认识，因此，货物质量具有一定的主观性。货物质量的主观性包括货物的品牌性、服务性和价格性等。

（3）货物质量具有相对性

货物质量是相对于一定的使用条件、用途、价格，或与同类货物相比而言的，因此，货物质量具有相对性。

（4）货物质量具有社会性

货物质量随着社会经济的发展、消费者习惯的变化而变化，具有社会性。

2. 货物质量的基本要求

（1）食品的质量要求

食品的质量要求主要包括以下方面：

1）食品应具有一定的营养价值。

2）食品应安全卫生。

3）食品应具有一定的色、香、味、形。

（2）日用工业品的质量要求

日用工业品的质量要求主要包括以下方面：

1）适用性，是指日用工业品满足其主要用途所必须具备的性能或质量要求。

2）耐用性，是指日用工业品在使用过程中抵抗各种外界因素对其破坏的性能。

3）安全卫生性，是指日用工业品在使用过程中不影响人体健康与生命安全的性能。

4）外观良好，是指日用工业品需要有较具吸引力的外观。

5）结构合理，是指日用工业品需要具备适合使用的合理结构。

（3）纺织品的质量要求

纺织品的质量要求主要包括以下方面：

1）服用性，是指纺织品适合穿着的各种性能，包括纺织品的刚挺度、悬垂性、透气性、保暖性和舒适性等。

2）耐用性，是指纺织品在穿用和洗涤过程中抵抗外界各种破坏因素作用的能力，它直接影响到纺织品的使用寿命。

3）安全卫生性，是指纺织品保证人体健康和人身安全而应具备的性质，主要包括卫生无害性和抗静电性等。

4）美观艺术性，是指纺织品的外观风格、色泽、花纹图案等所体现的美感和艺术性，是纺织品的重要质量指标。

3. 影响货物质量的因素

（1）生产过程影响货物质量的因素

生产环节影响货物质量的因素主要有产品设计、原材料、生产工艺、设备及操作方法、生产环境、货物标准及检验、货物包装、生产人员。

（2）流通过程影响货物质量的因素

流通过程影响货物质量的因素包括运输、装卸、仓储、销售等。

二、货物质量检验的功能

具体来说，货物质量检验主要有把关、预防、报告和改进四项功能，见表3—23。

表3—23　　货物质量检验的功能

序号	功能	说　明
1	把关	把关是质量检验最基本的功能，也可称为质量保证功能。这种功能是质量检验一出现时就存在的，不管是过去还是现在，即使是生产自动化高度发展的将来，检验的手段和技术可能有所发展和变化，质量检验的把关作用仍然是不可缺少的
2	预防	现代质量检验不仅起到把关的作用，同时还要起到预防的作用
3	报告	报告就是信息反馈，这是为了使领导者和有关质量管理部门及时掌握生产过程中的质量状态，评价和分析质量体系的有效性
4	改进	质量检验参与质量改进工作，既是充分发挥质量把关和预防作用的关键，也是检验部门参与提高产品质量的具体体现

三、货物质量检验的方法

1. 检验货物外包装

货物外包装有无破损、水湿等情况对其内装货物的质量有着直接的影响。通过检验货物的外包装，人们可以发现货物在储存、运输过程中可能发生的意外，并据此判断货物的受损情况。检验货物质量时，首先要对货物的外包装进行检验，然后据此提出进一步的货物检验措施。

2. 检验货物外观质量

检验货物外观质量主要是检验外观质量缺陷、外观质量受损情况及货物受潮、霉变和锈蚀等情况。

对货物外观质量的检验主要采用感官检验法，即用人的感觉器官来检验货物的色、香、味、形、手感、音色等感官质量特性。这种方法简单易行，不需要专门的设备进行检验，但会受到检验人员经验、操作方法和环境等因素的影响，具有一定的主观性。

感官检验法可以分为视觉检验法、听觉检验法、味觉检验法、触觉检验法和嗅觉检验法等，见表 3—24。

表 3—24 感官检验法

名称	具体说明
视觉检验法	通过观察货物的外形、颜色、结构、光泽等确定其质量是否符合要求。凡是直接能够用眼睛来观察的质量特性都适合用视觉检验法进行检验
听觉检验法	通过轻敲某些货物，细听其发出的声音，鉴别其质量好坏，如检查玻璃、陶瓷、金属等制品有无破碎、裂纹等情况
味觉检验法	通过品尝具有一定滋味要求的食品、药品等，鉴别货物质量好坏，如酒水类物品主要使用味觉检验法进行检验
触觉检验法	通过触摸、按压、轻晃包装内货物等方法来判断其是否有受潮、变质、损坏等异常情况
嗅觉检验法	通过嗅闻来判断货物是否已失去应有的气味，或有无串味及异味等情况，如对食品、药品、化妆品等具有气味的货物即可用嗅觉检验法进行检验

感官检验法具有以下特点：

（1）通过对货物感官性状的综合性检查，检验人员可以及时、准确地鉴别出货物质量有无异常，便于早期发现问题，及时进行处理，可减少损失，避免造成安全隐患。

（2）方法直观、手段简便，不需要借助任何仪器设备和专用、固定的检验场所及专业检验人员。

（3）感官质量检验常能察觉其他检验方法所无法鉴别的货物质量特殊性污染或微量变化。

技能训练

2019 年 7 月 15 日，有一批鲜奶到库，请对这批鲜奶进行质量检验，并对检查结果进行统计，登记在册。

1. 分组布置

班长根据班级情况，将全班按照 5～6 人一组进行分组，各组自选组长，并报授课教师。组长对组员进行分工，然后一起协作完成以下操作。

2. 认识感官检验

各小组分别进行讨论，总结不同感官检验的特点及其适合检验的货物，并进行记录，见表 3—25。

表 3—25　　感官检验

小组名称		组员姓名	
序号	检验方法	特点	适合检验货物
1	视觉检验		
2	听觉检验		
3	味觉检验		
4	触觉检验		
5	嗅觉检验		

3. 货物质量检验

针对不同批次货物的特性制定质量检验方案。以本次任务的鲜奶质量检验为例，要求有选择地进行视觉检验、嗅觉检验和味觉检验操作。各组学生根据感官质量检验的步骤（见表 3—26），以小组为单位对货物质量进行检验。

表 3—26　　感官质量检验步骤

序号	步骤	说明
1	视觉检验	观察牛奶外包装有无破损、变形、渗漏等情况。若外包装为透明，还可观察牛奶色泽及有无沉淀等情况
2	嗅觉检验	利用嗅觉器官对牛奶进行检验，鉴别牛奶有无异味
3	味觉检验	通过品尝判定鲜奶的优劣，品质较好的鲜奶具有醇香味，无任何异常味道；若有微酸味或其他异味，则表明牛奶已经开始变质

4. 结果记录

各组学生将检验结果进行记录，并由组长汇报检验结果，见表 3—27。

表 3—27 检验结果

小组名称		
货物名称		
序号	检验项目	检验结果

思考练习题

1. 简述货物检验的概念与内容。
2. 简述抽样检验的概念和影响因素。
3. 简述计件检验与检斤检验的概念和适用场合。
4. 简述常用重量检验方法的特点和适用范围。
5. 货物质量检验的方法是什么？
6. 简述不同类型货物的质量要求及影响因素。

模块四　货物储存与养护

课题一　普通货物储存与养护

货物养护是指货物在储存、运输等一系列物流作业过程中所进行的保养和维护。储存在仓库里的货物每时每刻都在发生变化，货物养护的任务就是在认识和掌握各种库存货物变化规律的基础上，采取相应的组织管理和技术措施，有效地抑制外界因素的影响，创造适宜的环境，提供良好的条件，最大限度地减缓和控制货物的变化，保持货物的使用价值。

一、普通货物

普通货物通常指对运输、装卸、保管无特殊要求的货物。普通货物在储存过程中可能会由于自身方面（如成分、结构、性质等）的原因，以及储存环境各因素（如空气、温度、湿度、光照、微生物、虫鼠害、外力、卫生状况等）的影响，导致货物发生质量的损失和数量的损耗。这些货物质量和数量变化主要是物理变化、化学变化、生物变化和机械变化等，见表 4—1。

表 4—1　　普通货物的质量和数量变化

变化方式	变化形式
物理变化	主要有挥发、溶化、熔化、渗漏、串味、干缩裂等
化学变化	主要有氧化、分解、腐蚀、老化等
生物变化	主要有生理生化变化、霉腐变化以及虫蛀、鼠咬等。其中生理生化变化主要有呼吸、发芽、后熟等，霉腐变化主要有霉变、发酵、腐败等
机械变化	指在外力的作用下所发生的形体变化，如在碰撞、挤压作用下发生的变形、脱落等

二、影响货物质量变化的因素

1. 影响货物质量变化的内因

对货物在物流过程中发生的变化起决定作用的是货物本身的内在因素，即内因。它不仅影响着货物质量变化的形式，也影响着货物质量变化的速度。这些内因包括货物的物理性质（吸湿性、导热性、耐热性、透气性）、机械性质（形态、结构在外力作用下的反应）、化学性质（化学稳定性、毒性、腐蚀性、燃烧性、爆炸性）、化学成分和结构等。

2. 影响货物质量变化的外因

影响货物质量变化的外因包括人为因素和自然因素。人为因素包括保管场所选择不合理、包装不合理、装卸搬运不合理、堆码苫垫不合理，以及违章作业等。影响货物质量变化的自然因素见表 4—2。

表 4—2　　影响货物质量变化的自然因素

类型	表现
氧气	氧气非常活泼，能和许多货物发生化学反应，对货物质量变化影响很大。例如，氧气可以加速金属货物锈蚀，易使有机体发生霉腐；氧气是仓库害虫赖以生存和发育的必要条件；氧气是助燃剂，不利于危险品的安全储存；在油脂酸败、鲜活货物变质的过程中，氧气都是积极参与者
日光	某些货物在日光的直接照射下，质量会发生变化。例如，日光能使酒类浑浊，加速油脂酸败，使橡胶和塑料制品迅速老化、纸张发黄变脆、色布褪色、药品变质、胶卷感光等
微生物	微生物是货物霉腐的前提条件，它将货物中的蛋白质、糖类、脂肪、有机酸等物质分解为简单的物质再加以吸收利用，从而使货物变质、丧失使用价值
仓库虫鼠	仓库虫鼠不仅蛀食动植物性货物和包装，有些还能危害塑料、化纤等化工合成货物。仓库虫鼠在危害货物的过程中，不仅破坏货物的组织结构，使货物发生破碎和出现孔洞，外观形态受损，而且会吐丝结茧、排泄各种代谢废物污染货物，影响货物的质量和外观。货物如果受到仓库虫鼠危害，一般损失都相当严重
空气温度	气温是影响货物质量变化的重要因素。高温能够促进货物挥发、渗漏、熔化，低温又容易引起某些货物的冻结、沉淀等，温度忽高忽低会影响货物质量的稳定性。此外，适宜的温度会为微生物和仓库害虫的生长繁殖创造有利条件，加速货物腐败变质

续表

类型	表现
空气湿度	空气湿度的变化能引起货物的含水量、化学成分、外形或体态结构等的变化。湿度下降将使货物因放出水分而降低含水量，减轻重量，如水果、蔬菜、肥皂等会发生萎蔫或干缩变形，纸张、皮革制品等会发生干裂或脆损；湿度增高会使货物含水量和重量相应增加，如食糖、食盐、化肥等易溶性货物会结块、膨胀或进一步溶化，钢铁制品会生锈，纺织品、竹木制品、卷烟等会发生霉变或虫蛀等
卫生条件	卫生条件是保证货物免于腐败变质的重要条件之一。卫生条件不良，不仅会使灰尘、油垢、垃圾等污染货物，造成某些外观疵点和异味感染，而且还为微生物、仓库虫鼠等创造了活动环境
有害气体	货物储存在有害气体浓度大的空气中，其质量变化明显。例如，二氧化硫气体溶于水能生成亚硫酸，当它遇到含水量较大的货物时，能强烈地腐蚀货物；在金属电化学腐蚀中，二氧化硫是构成腐蚀的重要介质之一，因此金属货物必须远离二氧化硫

三、普通货物储存与养护的基本要求

普通货物储存与养护不仅是技术问题，更是管理问题。要维持货物质量、数量、包装的完好，除了需要技术措施的保障，还需要较高的管理水平。制定必要的管理制度和操作规程并严格执行，是普通货物储存与养护的基础。坚持“以防为主，防治结合”是普通货物储存与养护工作的方针。普通货物的储存与养护应从以下几方面的工作入手。

1. 普通货物的入库管理

（1）严格货物入库验收

货物在入库之前，经过运输、搬运、装卸、堆垛等作业，可能受到雨淋、水湿、震动、撞击等，使货物或包装受到损坏，入库验收可以及时发现问题，厘清责任界限。

要防止货物在储存期间发生各种不应有的变化，首先在货物入库时要严格验收，弄清货物及其包装的质量状况，主要是核对货单和货物在货号、品种、规格、数量等方面是否一致，货物的质量是否完好，同时还应该检查货物的包装是否符合要求，如果货物有损伤、受潮、霉变、腐蚀、虫蛀等现象，一律不得入库，要查明原因并及时采取措施，做到防微杜渐。

（2）选择适宜的储存场所

各种货物由于性质不同，对货物储存场所的要求也不同。不同货物要分类、分区存放，如干湿分区、新陈分区等。性质相抵触或易串味的货物和消防要求不同的货物不得同库存放。

（3）进行合理的堆码

入库货物应根据其性质、包装条件、安全要求采用适当的堆垛方式，达到安全、牢固、便于堆垛、节约仓库的目的。为了便于检查、通风、防火和确保库房建筑安全，应适当留出垛距、墙距、柱距、顶距、灯距，以及一定宽度的主通道和辅助通道。

货物的堆码方式应根据货物的种类、性能、数量和包装情况，结合仓库条件、储藏期限和季节，并在能保证货物安全的前提下确定，见表4—3。

表4—3　不同堆码方式的适宜情况

堆码方式	适宜情况
通风垛	含水量较高、易霉变、需通风的货物
平直交叉式实心垛	易弯曲变形的货物
纵横交叉式实心垛	密度比较大的货物（如粮食、食盐、白糖等）
货架上	小百货、小五金、交电零件等

2. 普通货物的在库管理

（1）做好在库货物的质量检查

货物在储存期间受到各种因素影响，质量可能发生变化，如果未能及时发现，就可能造成损失，因此，需要根据其性质、储存条件、储存时间和季节气候变化，分别确定检查周期、检查比例、检查内容，分别按期进行检查或巡回检查。在检查中，如果发现异常，要扩大检查比例，并根据具体情况采取适当的技术措施，及时处理，防止货物受到损失。要针对在库房储存的商品建立健全定期和不定期、定点和不定点、重点和一般相结合的质量检查制度，以便及时发现和处理货物发生的各种状况。同时，还要实施安全检查，并能熟练使用库房的消防设施设备。

（2）加强温湿度管理和控制

货物储存过程中发生的质量变化多数是由于空气温度和湿度变化的影响。因此，不同货物在储存过程中都要求适宜的温湿度范围，这就需要掌握自然气候变化规律，并采取各种措施，控制与调节库房内的温度和湿度，创造适宜货物储存的温湿度条件，保证货物的质量。进行货物在库管理时，应能利用干湿球温度计测量温湿度，并能采用适当的方法调节和控制货物的温湿度，从而保证货物质量。

（3）做好仓库环境卫生

如果库房环境卫生不清洁，灰尘、油污、垃圾等都会严重影响货物的储存，造成货物发霉、生锈、虫害、鼠害、微生物超标等一系列事故。因此，要经常清扫库房，制订相应的清洁计划。

（4）开展科学实验研究

及时检验入库储存货物的质量，开展对货物质量变化规律的研究，采取相关科学实验，是货物养护科研工作的一项主要内容。通过实验数据证实养护措施的可靠性，从而指导实践，再通过储存实践的数据反馈，使养护措施的可靠性得到验证，或根据其不足处再做进一步研究改进。

3. 普通货物的出库管理

商品出库应遵循“先进先出，推陈出新”的原则，有保质期或规定存储期的货物要先出库，以免发生变质。出库时，单随货行，并当面检验货物数量、质量。凡手续不全、包装不牢或破损，以及标签脱落或不清的均不得出库，并进行妥善处理。

技能训练

选择本地区一家仓储企业进行调研，了解普通货物在储存与养护中的质量变化和管理措施，并制定一份“普通货物储存与养护方案”。

1. 分组布置

班长根据班级情况进行分组，各组自选组长，并报授课教师。组长对本组成员进行分工，并组织本组学生完成以下操作，授课教师在旁边进行辅导。

2. 明确调研目的，制定调研方案

根据任务描述，组长组织本组学生进行分析讨论，并将讨论结果进行汇总，填写表 4—4，进行展示交流，明确本次任务的调研目的，选定调研对象，设定调研项目，制定本次任务的调研方案，授课教师在旁进行指导点评。

表 4—4　　调研方案

“普通货物储存与养护”调研方案			
调研时间		调研对象	
调研人员			
调研目的			
调研内容			

3. 进行调研记录，完成调研总结

组织学生根据调研方案开展调研，对调研过程进行记录，填入表 4—5，并完成调研报告，填入表 4—6。

表 4—5　　调研实践记录表

序号	调研情景	调研记录
1		
2		
3		

表 4—6　　调研报告

"普通货物储存与养护"调研报告

调研目标：

调研日期：

调研对象：

调研形式：

调研内容：

1. 普通货物储存与养护中存在的问题。
2. 普通货物日常入库作业养护流程。
3. 普通货物日常在库作业养护流程。
4. 普通货物日常出库作业养护流程。

调研结果及分析：

4. 根据调研报告，制定“普通货物储存与养护方案”

根据已完成的调研报告，以小组为单位进行讨论，分析完成表 4—7，每组组长进行展示汇报，并上交方案。授课教师予以指导点评。

表 4—7　　　　　　　　　　普通货物储存与养护方案

项目		内容
目的		为普通货物的储存与养护提供导向
适用范围		所有对运输、装卸、保管无特殊要求的普通货物的储存与养护工作
职责	管理部	
	仓库	
	品管部	
	全体员工	
程序内容	入库管理	
	在库管理	
	出库管理	

课题二　危险货物储存与养护

一、危险货物分类及特性

凡具有易爆、易燃、毒害、腐蚀、放射性等危险性质，在运输、装卸、生产、使用、储存、保管过程中，能在一定条件下引起燃烧、爆炸，导致人身伤害和财产损失等事故的化学品都属于危险货物。

根据国家标准《危险货物分类和品名编号》（GB 6944—2012），危险货物可分为 9

类，见表 4—8。

表 4—8　　危险货物分类

类别	名称	解释
第 1 类	爆炸品	爆炸性强，敏感度高，有毒害性
第 2 类	气体	易燃烧爆炸，易扩散，易膨胀，有腐蚀毒害性
第 3 类	易燃液体	易燃、易爆、易流动扩散、易膨胀、忌氧化剂和酸，有毒性
第 4 类	易燃固体、易于自燃的物质、遇水放出易燃气体的物质	易燃固体：易点燃，遇酸、氧化剂易燃易爆，本身或燃烧产物有毒，有自燃性 易于自燃物质：遇空气自燃 遇水放出易燃气体的物质：遇水易燃
第 5 类	氧化性物质和有机过氧化物	有较强的氧化性，受热、撞击易分解，可燃，遇酸、水、弱氧化剂分解，有腐蚀性和毒害性
第 6 类	毒性物质和感染性物质	毒性物质是指经吞食、吸入或与皮肤接触后可能造成死亡或严重受伤或损害人类健康的物质。感染性物质是指已知或有理由认为含有病原体的物质
第 7 类	放射性物质	含有放射性核素并且其活度浓度和放射性总活度都超过国家标准规定限值的物质
第 8 类	腐蚀性物质	通过化学作用使生物组织接触时造成严重损伤或在渗漏时会严重损害甚至毁坏其他货物或运载工具的物质
第 9 类	杂项危险物质和物品，包括危害环境物质	包括粉尘、会放出易燃气体的物质、锂电池组、救生设备、危害水源环境的物质等

二、危险货物安全储存与养护

危险货物储存与养护的安全性对于企业及社会的人身财产安全至关重要。各种危险货物的储存与养护要点不同（见表 4—9），必须严格区分。

表 4—9　　危险货物储存与养护要点

类型	验收	堆放	温度/湿度	消防	仓库
爆炸品	感官验收，如发现已经在药柱（块）中装有雷管，应拒收	垫高度 10 cm 以上的枕木，垛高≤1.5 m	15～30℃/45%～80%	水或各式灭火器	最好存放于阴凉、通风、干燥的半地下库

续表

类型	验收	堆放	温度/湿度	消防	仓库
气体	库容最大不超过3 000瓶，搬运作业应在早晚阴凉时。经核对和观察检查后，脱去安全帽，检查是否漏气	应用专用木架，气瓶要直放。无木架平放时瓶口要用三角木卡牢，防止滚动	<25℃	雾状水、二氧化碳	专库专用
易燃液体	感官验收配合仪器检验	垛高≤2.5 m为宜	<25℃	沙土、泡沫、二氧化碳	仓库下部应设通风洞
易燃固体	搬运时散落在地面或车厢内的粉末要用湿黄沙抹擦干净	垛高≤2.5 m为宜	<30℃/<80%	可用水、沙土、石棉毯、二氧化碳、干粉等，但是金属粉末必须先用沙土、石棉毯覆盖，再用水	
易于自燃的物质	轻拿轻放，检查是否存在安全隐患，一级自燃物必须逐件在库外检查	隔绝地潮	一级自燃物：≤28℃/≤80%；二级自燃物：≤32℃/≤85%	除三乙基铝不能用水扑救外，其他可用水、二氧化碳、干粉等	专库专用，白磷在储运时必须始终浸没在水中
遇水放出易燃气体的物质	感官验收，不得在库内验收，应在特定地点，最好逐件验收	至少垫一层高度20 cm以上的枕木，堆垛不易过高过大	<70%	干沙、干粉	选用地势较高的仓库。钾、钠必须浸在煤油中
氧化性物质和有机过氧化物	轻拿轻放，严禁摩擦，注意包装密封	垫20～30 cm高的枕木或木板，枕木和木板均专库专用。桶包装应码两至三层的行列式垛，木箱装可码较大货垛，麻袋装可码横三竖二的组合式批垛	<30℃/<80%；如用麻袋装，湿度保持在70%以下	沙土、干粉、二氧化碳	仓库挂棉门帘，外墙和窗玻璃涂白
毒性物质和感染性物质	禁止肩扛背负，应穿戴防护服等防护设备，作业后洗澡。对装载车辆进行消毒，装卸现场应备有清水、苏打水、稀醋酸等	高度<8 m，枕木架10～20 cm高，大铁桶、大木桶一般不宜超过两个，箱装或袋装，堆码高度以不超过3 m为宜	<32℃/<80%	根据毒性物质的性质，一般可用水，磷化物着火时，只能用雾状水和二氧化碳	入库前应先通风散毒，操作人员每6个月进行一次检查

续表

类型	验收	堆放	温度/湿度	消防	仓库
放射性物质	禁止肩扛背负，应穿戴防护服等防护设备。主要验收包装，最好用放射性探测仪测试放射剂量，以便安排储存和进行人身保护	参照毒性物质	无特殊要求，只需防止湿度过大损坏包装	雾状水、泡沫、二氧化碳、干粉等	仓库建筑应用混凝土结构，墙壁厚度≥50cm，库内应有下水道和专用渗井，窗户应有铅板覆盖。仓库应远离生活区
腐蚀性物质	禁止肩扛背负、拉拖、翻滚、碰撞，应穿戴防护服等防护设备	坛装宜堆行列式垛，中间留 0.5 m 的走道。木箱装宜堆直立式垛，垛高不宜超过 2 m。桶装垛高不宜超过 2.5 m，固体物品可堆至 3 m	≤30℃/≤85%	雾状水、干沙、泡沫、干粉，不宜用高压水	库顶最好用水泥平顶结构，和其他库内一样，铁附件最好涂耐酸漆，以防腐蚀。仓库应为水泥地面，库内不宜安装电灯

此外，相同的措施主要如下：严格按照入库凭证核实货物；有抵触性的货物不得同时同地检查；防止撞击，避免阳光直射，远离热源；严格分区，分类隔离储存；不得使用水泥条或是石块，以防摩擦产生火花。不准在仓库内或露天堆垛处进行可能引起火灾的操作；严格进行温湿度的控制和管理，做好记录，并根据天气情况进行防控；严禁使用暖气，严禁修建下水道及阴沟，严禁烟火等。

技能训练

2018 年 7 月 13 日，由于管理人员操作不当，某企业危险货物仓库险些发生后果难以想象的爆炸事故。该企业负责人意识到对危险货物储存与养护进行规范管理的重要性，立即要求相关部门制定一份“危险货物储存与养护方案”。

1. 分组布置

班长根据班级情况进行分组，各组自选组长，并报授课教师。各组负责若干类危险货物，组长组织本组学生进行讨论，完成以下操作，制作本组所负责危险货物的“储存与养护方案”，授课教师在旁边进行辅导。

2. 分析危险货物的特征

各组学生针对任务背景，对本组负责的危险货物的特征进行讨论，完成表 4—10 的填写工作。组长汇总本组讨论结果，并将汇总结果进行展示，各组间进行讨论汇总，授课教师进行指导点评。

表 4—10　　危险货物的特征

第　　组	组长：
小组成员	
危险货物类型	特征

3. 分析危险货物的储存与养护方法

根据上一步的讨论结果，组长组织本组学生针对其特征从多方面对危险货物的储存与养护方法进行讨论，完成表 4—11 的填写。组长对本组的讨论结果进行汇总，并将汇总结果进行展示，各组间进行讨论汇总，授课教师进行指导点评。

表 4—11　　危险货物的储存与养护方法

第　　组			组长：		
小组成员					
危险货物类型					
验收	堆放	温度和湿度	消防	仓库	其他

4. 制定储存与养护方案

根据前两步完成的表格内容，各小组进行最后的讨论，按照表 4—12 分析制作

“危险货物储存与养护方案”，组长进行展示汇报，并上交方案，授课教师进行指导点评。

表 4—12　　　　危险货物储存与养护方案

项目		内容
目的		为危险货物的储存与养护提供导向
适用范围		工厂和仓库内所有危险货物的管理和控制工作
职责	管理人员	
	厂区危险品控制人员	
	仓库	
	厂检部	
	全体员工	
程序内容	入库验收	
	在库管理	
	出库运输	
	检查与记录	

课题三　冷藏货物储存与养护

冷藏是指为了保持货物原有的品质，减少货物损耗，在低于常温但不低于货物冻结温度的条件下，对货物进行冷冻、冷藏处理，创造货物所需的低温或恒温温度环境的一种保藏措施。冷藏的温度一般控制在 0～5℃。

常见的冷藏货物包括初级农产品、加工和速冻食品（包括禽、肉、水产等包装食品，冰激凌和奶制品，快餐原料等）、特殊商品（包括药品、疫苗等）。

一、货物冷藏设备和工具

冷藏处理可以使货物的温度降低，从而使货物中所含水分结冰，发生脱水作用，或者使货物温度降到0℃左右。这种办法能暂时抑制微生物的生长和繁殖，但是一旦温度升高，外界温湿度条件适宜时，微生物还能迅速恢复生命活动，对货物质量产生严重威胁。冷藏货物要长时间运输和保管，必须使其始终处于低温状态，才能保证货物不被损坏，保持其原有的质量。要达到这一目的，必须使用相关的货物冷藏设备和工具，见表4—13。

表4—13　　　　货物冷藏设备和工具

设备（工具）	图示	设备（工具）	图示
冷库		冷藏车	
冷柜		冷藏箱	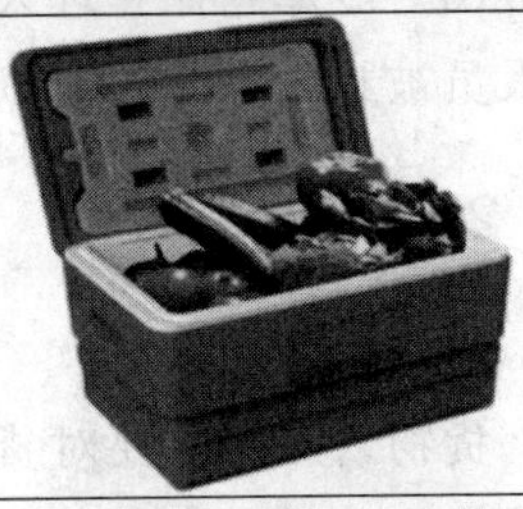
冷藏包		冰袋	

二、货物冷藏注意事项

1. 冷库的管理

从冷藏方式来看，冷藏处理有冷却处理和冷冻处理两种。冷却、冷冻作用的充分发挥必须用到冷库，才能保证货物的质量安全，冷库在作业管理方面的主要措施如下：

（1）设立专门的仓库管理小组，并且责任到人。

（2）保持冷库的清洁、干燥，保持库内处于制冷状态。库内的货物必须按要求分类分区存放，定时对冷库进行通风。

（3）注重冷库的防水、防潮、防热及防漏冷气。防止库内积水，严禁库内带水作业。应及时清除库内的冰、霜、水。

（4）没有经过冻结处理的高温货物不能直接进入低温冷库。

（5）当冷库暂时空库时，冻结间和低温冷藏间应保持库温在−5℃以下，而保温较高的冷却间应保持库温在露点温度以下，以防受潮滴水。

（6）冻结间内堆存的货物与库顶排管的距离应不小于0.2 m，而冷却间内货物与吊顶冷风机的距离应不小于0.3 m，货物距墙上排管外侧距离应不小于0.4 m。库内要留有便于操作、确保安全的通道。

（7）冷库应设专职的卫生检疫人员对出入库货物进行检验，库内应做到无污染、无霉菌、无异味、无鼠害、无冰霜。

（8）库内工作人员应注意个人卫生，应定期对工作人员进行体检，患传染性疾病者必须及时调离与冷藏货物发生接触的岗位。

（9）冷库仓储管理人员在进行作业时，要妥善使用设备，防止被冻伤，尤其要避免人员被封闭在库内，以防止人员缺氧窒息而酿成重大安全事故。

2. 货物的管理

（1）入库

货物入库时，要对货物的温度进行测定，查验货物内部状态，进行详细记录。腐烂的货物、受污染的货物及其他不符合入库要求的食品入库前需经过挑选、除污、整理和包装。货物入库前要预冷，未经预冷冻结的货物不得直接进入冷库，以免高温货物大量吸冷造成库内温度升高，影响库内其他冷冻货物。

（2）出库

货物出库应认真核对，防止错发、错取。当将货物从冻结间转入冷藏间时，货物温度不应高于冷藏间温度3℃，要严格控制库内温、湿度的变化，例如，冻结货物冷藏间一昼夜温差不得大于1℃，冷却货物冷藏间一昼夜温差不得大于0.5℃。升温处理要按照作业规程进行，应采用加热升温，不得采用自然升温。

（3）作业温度控制

为了减少冷耗，货物出入库作业尽可能选择在气温较低的时间进行，如早晨、傍晚或者夜间。出入库作业时，最好集中仓库内的作业量，尽可能缩短作业时间；同时使装运车辆离库门距离尽量近，缩短货物露天搬运距离，防止隔车搬运。在货物出入库过程中，一旦库温升高超过标准，应立即停止作业，封库降温。

技能训练

为了防止冰激凌在储存过程中出现“挂霜”“变形”等现象，请制定一份“冰激凌储存与养护方案”。

1. 分组布置

班长根据班级情况进行分组，各组自选组长，并报授课教师。组长组织本组学生进行讨论，完成以下操作，制定一份“冰激凌储存与养护方案”，授课教师在旁边进行辅导。

2. 分析冰激凌的特殊性，选择合适的储存工具

根据任务描述，组织学生进行小组讨论，分析冰激凌这一冷藏货物与其他货物的不同之处，选择适合的冰激凌储存工具，分析其使用的环节，填写表 4—14。组长对本组讨论结果进行汇总，并将汇总结果进行展示，各组间进行讨论汇总，授课教师进行指导点评。

表 4—14　　冰激凌的特性及储存工具分析

第　组	组长：
小组成员	
冰激凌的特性	
适用工具	使用环节

3. 分析冰激凌储存与养护过程中的注意事项

根据上一步分析的冰激凌的特性以及选用的工具，组织学生进行小组讨论，分析在使用这些工具对冰激凌进行储存与养护的过程中需要注意哪些方面，填写表 4—15。

组长对本组的讨论结果进行汇总，并将汇总结果进行展示，各组间进行讨论汇总，授课教师进行指导点评。

表 4—15 冰激凌储存与养护过程中的注意事项

第　组		组长：
小组成员		
设备管理		货物管理

4. 控制管理

根据前面两步完成的汇总结果，以小组为单位进行讨论，分析完成表 4—16，每组组长进行展示汇报，并上交方案，授课教师进行指导点评。

表 4—16 冰激凌储存与养护方案

项目		内容
目的		为冰激凌的储存与养护提供导向
适用范围		超市、商场及生产厂家对冰激凌的储存与养护工作
职责	管理部	
	仓库	
	品管部	
	全体员工	
程序内容	设备管理	
	货物管理	
	检查与记录	

课题四　食品储存与养护

一、食品污染

食品污染是指人们吃的各种食品（如粮食、水果）在生产、运输、包装、储存、销售、烹调过程中混进了有害有毒物质或者病菌。

食品污染可分为生物性食品污染、化学性食品污染及物理性食品污染三类。

1. 生物性食品污染

微生物主要通过食品的加工、储存、运输、销售过程，以及食品原料对食品造成污染。

2. 化学性食品污染

常见的化学性食品污染有农药污染和工业有害物质污染两个途径。工业有害物质主要有食品添加剂、有毒工业原料等。

3. 物理性食品污染

物理性食品污染通常是指食品生产加工过程中的非化学性杂质超过规定的含量所引起的食品质量安全问题。

二、食品的储存条件

食品的储存条件和期限在很大程度上是由细菌的繁殖能力及其破坏能力决定的。影响细菌繁殖的条件很多，不同的条件会导致不同的结果，具体的环境条件如下：

1. 营养元素

细菌一般只能在营养体上才能繁殖。但是，即使在没有任何营养成分的不锈钢桌面上，在适宜的温、湿度条件下，有些细菌依然可以存活。

2. 时间

细菌的繁殖需要一定的时间，时间一般和其他因素一起促成细菌的繁殖。

3. 温度

温度是细菌繁殖最重要的因素之一，有利于细菌生长的温度一般在 10～55℃。

4. 水

不与其他有机或者无机分子结合的活性水是细菌进行繁殖的必备条件之一。

5. 酸碱度

每一种细菌的存活和繁殖都需要相应的酸碱度环境，改变食品的酸碱度可以抑制有害细菌等微生物的生长繁殖。

6. 外部气体环境

食品表面的细菌多数是需氧菌，制造真空或改变空气环境可以延长食品的保存时间。

三、食品的储存方法

食品的变质原因往往比较复杂，但储存与保管不当是导致食品腐败变质的重要原因之一。食品储存的作用不仅是存放食品，更重要的是防止其腐败变质，保证食品质量。普通食品的储存方法主要有两种，即低温储存和常温储存。其中，低温储存又可以分为冷藏储存和冷冻储存，见表 4—17。

表 4—17　　食品的储存方法

储存方式		说明
低温储存	冷藏储存	温度一般设置为 0～10℃，用冰箱或者低温冷库进行储存，主要用于储存水果、蔬菜、熟食、乳制品等
	冷冻储存	温度一般设置为－29～0℃，主要用于储存动物性食品，是长期保存食品的一种方法
常温储存		1. 阴凉、干燥、通风，离墙、离地 10 cm 以上，不能与有毒有害物质同库存放 2. 分类上架，标志清楚 3. 用于对食品的日常保管

食品储存除以上方法外，还有干燥储藏法、气调储藏法、加热灭菌储藏法、辐射储藏法、化学储藏法等。化学储藏法是在食品生产或储藏过程中添加某些对人体无害的化学物质，增强食品的储藏性能和保持食品质量的一种方法，通常采用的有防腐剂、

杀菌剂、抗氧化剂和脱氧剂等。常见食品的储存期限见表4—18。

表4—18　　常见食品的储存期限

食品	储存期限（冷藏）	储存期限（冷冻）
鸡肉	2～3天	1年
牛肉	1～2天	3个月
鱼	1～3天	3个月至半年
香肠	2～3天	2个月
面包	3～6天	2～3个月
罐头（未打开）	1年	不宜冷冻
苹果	1～3周	不宜冷冻
柑橘	1周	不宜冷冻
胡萝卜、芹菜	1～2周	不宜冷冻
菠菜	3～5天	不宜冷冻
鲜鸡蛋	1～2个月	不宜冷冻
熟鸡蛋	7天	不宜冷冻
牛奶和酸奶	5天	不宜冷冻
花生酱	3个月	不宜冷冻

四、食品的储存措施

1. 食品仓库必须专库专用，不得存放其他杂物和有毒有害物质。原料、半成品、成品严格分开，不能在同一冰室内存放；植物性食品、动物性食品和水产品分类摆放。

2. 食品在冷藏冷冻柜（库）内储存时，为确保食品中心温度达到冷藏或冷冻的温度要求，不得堆积、挤压存放。

3. 食品仓库应有良好通风和温湿度控制设备，以防止食品霉变、生虫。

4. 食品存放处应设隔离地面的平台和层架，平台和层架距墙30 cm以上，底层离地面40 cm以上。

5. 用于储存食品的冷藏、冷冻柜（库）应定期除霜、清洁和维修，以确保冷藏、冷冻温度达到要求并保持卫生。

6. 食品经营场所距离非水冲式厕所、开放式粪池、垃圾堆（场）等场所的直线距离必须在25 m以上，并设置密闭的垃圾容器，及时清除垃圾，做好防尘、防蝇、防鼠工作，确保环境整洁。

7. 熟食制品销售间入口处应设置预进间，并配备更衣及洗手、消毒设施，采用非手动式的水龙头，以及食品冷藏设施和专用工具，食品要有防尘材料遮盖。

技能训练

某食品超市即将开业，食品储存与养护将是超市经营中一项重要的工作。请你制定一份“超市食品储存与养护方案”，指导该超市的食品管理工作。

1. 分组布置

班长根据班级情况进行分组，各组自选组长，并报授课教师。组长组织本组学生进行讨论分析，完成以下操作，授课教师在旁边进行辅导。

2. 分析超市中食品污染的途径

组织学生进行小组讨论，根据平时对超市的了解，分析超市中食品污染的途径，填写表4—19，组长对本组讨论结果进行汇总，并将汇总结果进行展示，各组间进行讨论汇总，授课教师进行指导点评。

表4—19 超市中食品污染的途径

第　组			组长：			
小组成员						
	制作过程	运输过程	储存过程	作业过程	销售过程	其他
超市中食品污染的途径						

3. 分析超市影响食品储存的环境条件

组织学生进行小组讨论，根据平时对超市的了解，分析超市中影响食品储存的环境条件，填写表4—20，组长对本组讨论结果进行汇总，并将汇总结果进行展示，各组间进行讨论汇总，授课教师进行指导点评。

表 4—20　　超市影响食品储存的环境条件

第　　组				组长：		
小组成员						
超市影响食品储存的环境条件	外部环境			内部环境		
	周边设施	当地气候	其他	温湿度	设施设备	其他

4. 分析超市食品储存的方法和措施

根据前面的分析，组织学生进行小组讨论，按类分析超市食品储存的方法和措施，填写表 4—21，组长对本组讨论结果进行汇总，并将汇总结果进行展示，各组间进行讨论汇总，授课教师进行指导点评。

表 4—21　　超市食品储存的方法和措施

第　　组	组长：	
小组成员		
食品类型	储存方法	储存措施
包装食品		
饮料		
粮油		
果蔬		
肉类		

5. 制作超市食品的储存与养护方案

根据前面的分析，各小组进行最后的讨论，按照表 4—22 的格式分析制作“超市食品储存与养护方案”，每组组长进行展示汇报，并上交方案，授课教师进行指导点评。

表 4—22　　　　超市食品储存与养护方案

项目		内容
目的		为超市食品的储存与养护提供导向
适用范围		超市内食品类商品的管理和控制工作
职责	生产人员	
	运输人员	
	仓库人员	
	销售人员	
	管理人员	
程序内容	污染途径	
	环境因素	
	储存方法和措施	
	检查与记录	

思考练习题

1. 普通货物的质量变化有哪些方式？
2. 如何进行普通货物的入库、在库、出库管理？
3. 如何对危险货物进行分类？
4. 简述每类危险货物的消防措施。
5. 什么是冷藏货物？常见的冷藏货物有哪些？
6. 冷藏货物的作业管理有哪些注意事项？
7. 食品污染有哪些途径？
8. 食品污染的环境因素有哪些？
9. 食品储存与养护的方法有哪些？
10. 简述食品储存的措施。

模块五　货物养护一般技术方法

课题一　温湿度管理与控制

一、常用温湿度测量仪

仓库内常用的温湿度测量仪一般为干湿球温度计，它由干球温度计、湿球温度计、干湿球温度刻度对照转盘、湿球纱布、水槽组成，结构简单，主要用于气象测量和室内空气湿度测量，其结构如图 5—1 所示。

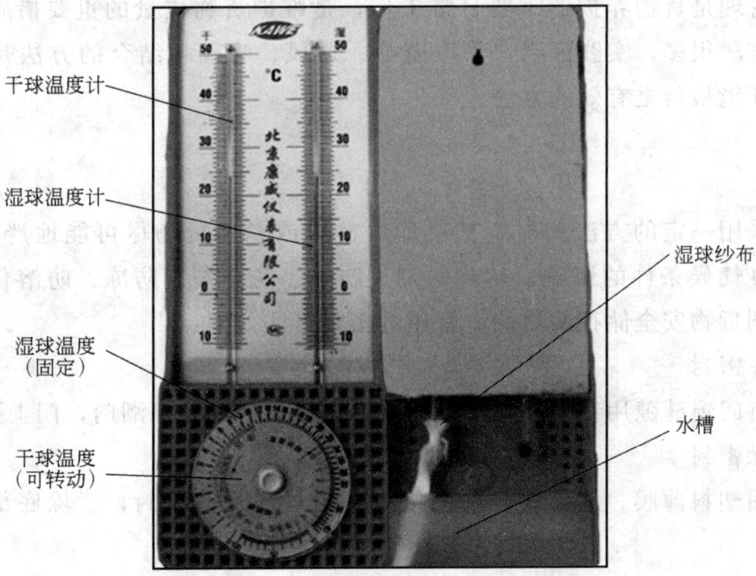

图 5—1　干湿球温度计的结构

干湿球温度计利用干、湿球温差测定相对湿度。空气越干燥，空气湿度越低，湿球上缠绕的纱布吸走的水分越多，此时湿球显示的温度越低，干、湿球的温差就越大，根据此温差值和干球温度值，即可从仪器所附的对照表中查出周围空气的相对湿度。

干湿球温度计在使用时应注意以下事项：

1. 纱布浸水前，干球温度计和湿球温度计的读数差不应大于0.1℃。

2. 湿球包裹的纱布总是湿的，使球部空气永远处于饱和状态，纱布的宽度一般为水银球周长的1.3～1.5倍，长度比水银球高度大10 mm以上。纱布应每周洗涤或更换一次，避免发黏、泛黄。

3. 水槽内水量不少于容积的2/3。

4. 当气温达到0℃以下时停止使用干湿球温度计。

5. 读数时温度计液面要与视线平行，一般离地1.5～1.7 m。尽快读数，勿使头、手和灯接近球部，不对球部呼气，避免影响测量准确度。

6. 库内一般根据货物位置将干湿球温度计放置于仓库中央或货垛中间，注意周围环境的空气流通，不放置于窗口或阳光直射位置；库外一般将干湿球温度计放置于百叶箱内，离地约2 m。

7. 每日最佳观测时间一般为上午8～10点和下午2～4点。

二、温湿度管理和控制措施

温湿度管理是货物养护的重要日常工作，是维护货物质量的重要措施。温湿度管理和控制的方法很多，实践证明，采取密封、通风、吸潮相结合的方法是控制和调节仓库温湿度环境最行之有效的方法。

1. 密封

密封是采用一定的方法和材料把整库、整垛或整件货物尽可能地严密封闭起来，减弱外界不良气候条件的影响，达到防潮、防热、防干裂、防冻、防溶化、防锈蚀等目的，也达到货物安全储存的目的。常用的密封方法如下：

（1）整库密封

一般应将门窗缝隙用毡条或棉布条堵严，出入门应加装隔潮门，门上要挂棉门帘。

（2）整垛密封

一般采用塑料薄膜、油毡布、防潮纸等密封材料进行密封，货垛底部必须做好防潮保护。

（3）整柜密封

一般使用牛皮纸、防潮纸、橡胶条等密封材料将货架密封，并根据实际情况对货架内货物进行防潮、除虫工作。

（4）整件密封

一般通过对货物进行严密包装达到密封目的。密封前应检查货物的质量、温湿度、霉变、虫害等情况，根据货物的特性选择合适的密封材料，根据气候的变化规律和天气情况选择适当的密封时机，并选择合适的密封方法。密封后要加强货物的检查管理工作，密切关注密封环境的温湿度变化情况及货物是否出现异常，及时发现并解决问题，保证货物质量的安全。

2. 通风

通风是根据空气自然流动的规律，使库内外的空气进行交换，从而调节和控制库内外的温湿度。通风是最常用、最经济、最简单的调节环境温湿度的方法，一般在通风效果不佳时才会考虑密封、吸潮等方法。常用的通风方法如下：

（1）自然通风

通过仓库门、窗、通风口等，利用自然风力的作用，调节库内外的温度差和气压差，使库内外的空气进行自然交换。

（2）机械通风

通过在仓库顶部设置排风扇、下部装设送风扇，以及进风处加设空气过滤设备等措施，达到温湿度调节和货物养护的目的。

1）选择通风时机。通风时机的选择必须根据货物性质、仓库条件和气候变化规律综合考虑。首先，必须明确当时环境的温湿度；其次，正确地对环境适宜条件进行判断，认真对比库内外温湿度、风力和风向情况，选择适宜时机，进行通风降温、升温及通风散潮工作。一般当风力超过 5 级时不宜进行通风处理。

2）进行通风作业。开启窗门时，应先开背风面，后开迎风面；停止通风时，先关迎风面，再关背风面。一般情况下，尽量选择自然通风，只有在自然通风不能解决问题的情况下，才考虑机械通风。一切以货物储存的安全为出发点。同时，机械通风设备数量及性能的选择也要以货物的养护安全为前提。

在通风过程中，要谨防通风产生的不良影响，例如，调节和控制过度，使灰尘、杂物进入仓库或落在货物表面对货物产生污染，为货物质量发生霉变、虫蛀等变化埋下隐患。

3. 吸潮

吸潮是在密封储存的条件下，采用吸潮剂或机械设备减少空气中的水分，以降低库内相对湿度的措施。尤其在梅雨季节或阴雨天气，库内湿度过大又不能采取通风措施，而要保持库内干燥，最有效的方法是进行吸潮作业。常用的吸潮方法如下：

（1）使用吸潮剂

常用的吸潮剂有生石灰（氧化钙）、氯化钙、硅胶等，此外还可以利用木炭、炉灰、干谷壳等调节环境湿度。

使用吸潮剂调节湿度时，要充分考虑吸潮剂自身的优缺点，吸潮剂的用量必须控制在合理的范围内，并盛放在防散落、耐腐蚀的容器中。

（2）使用机械设备

常用的吸潮设备主要有去湿机、空调器等。吸潮应正确选用吸潮方法，吸潮方法的选用同样要根据货物的特性、仓库的环境情况及企业的资金状况综合考虑。

技能训练

2019 年 5 月，某超市有一批日用百货（肥皂、牙膏、干电池、食糖等）到库，为了保证货物在库储存的安全，仓库经理需要了解货物对应货位上各自的温湿度值究竟是多少。请利用干湿球温度计对相应货物货位上的温湿度值进行测量，确定货物是否能安全储存，并采取简单的管理和控制措施。

1. 分组布置

班长根据班级情况进行分组，各组自选组长，并报授课教师。组长对本组成员进行分工，并组织本组学生完成以下操作，授课教师在旁边进行辅导。

2. 温湿度测量

各组学生根据温湿度测量步骤（见表 5—1），以小组为单位进行测量。

表 5—1　　温湿度测量步骤

序号	图示	说明
1	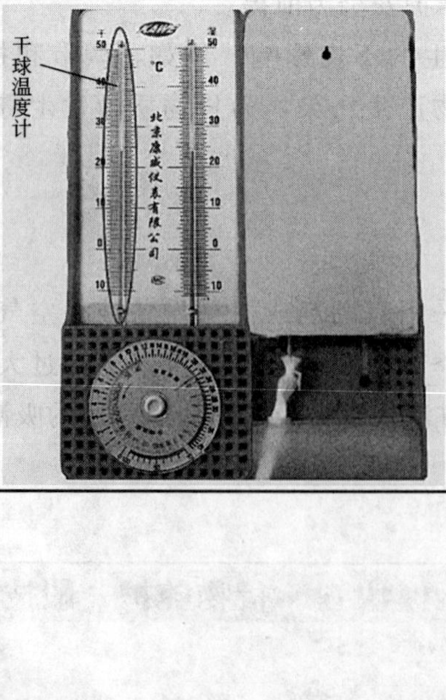	将干湿球温度计置于视线水平位置，直视读取“干球温度计”液面所指示的刻度数值，该数值即为当下时刻空气的温度值，也即干球温度值

续表

<table>
<tr><th>序号</th><th>图示</th><th>说明</th></tr>
<tr><td>2</td><td>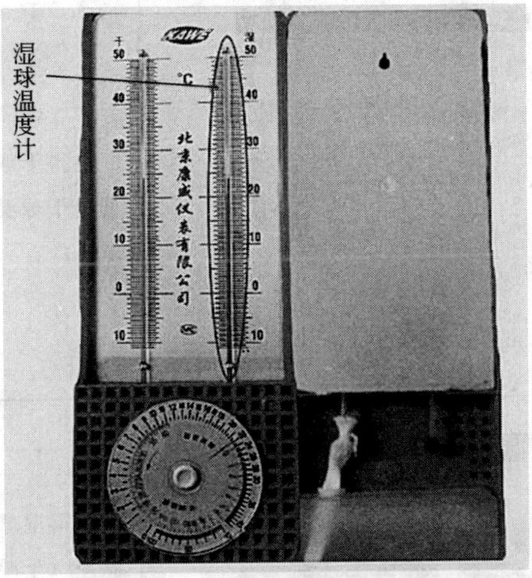
</td><td>将干湿球温度计置于视线水平位置，直视读取“湿球温度计”液面所指示的刻度数值，该数值即为当下时刻的湿球温度值</td></tr>
<tr><td>3</td><td></td><td>转动“干湿球温度刻度对照转盘”，使干球温度红刻度线（如37℃）对准湿球温度黑刻度线（如32℃）。此时，如图所示红色小箭头所指示数值即是相对湿度值</td></tr>
<tr><td>4</td><td>
<table>
<tr><th colspan="15">温湿度对照表</th></tr>
<tr><td rowspan="2">干湿温差
干球温度</td><td>0.5</td><td>1</td><td>1.5</td><td>2</td><td>2.5</td><td>3</td><td>3.5</td><td>4</td><td>4.5</td><td>5</td><td>5.5</td><td>6</td><td>6.5</td><td>7</td></tr>
<tr><td colspan="14">相对湿度（%）</td></tr>
<tr><td>30</td><td>96</td><td>92</td><td>89</td><td>85</td><td>82</td><td>78</td><td>75</td><td>72</td><td>68</td><td>65</td><td>62</td><td>59</td><td>56</td><td>53</td></tr>
<tr><td>29</td><td>96</td><td>92</td><td>89</td><td>85</td><td>81</td><td>78</td><td>74</td><td>71</td><td>68</td><td>64</td><td>61</td><td>58</td><td>55</td><td>52</td></tr>
<tr><td>28</td><td>96</td><td>92</td><td>88</td><td>85</td><td>81</td><td>77</td><td>74</td><td>70</td><td>67</td><td>64</td><td>60</td><td>57</td><td>54</td><td>51</td></tr>
<tr><td>27</td><td>96</td><td>92</td><td>88</td><td>84</td><td>81</td><td>77</td><td>73</td><td>70</td><td>66</td><td>63</td><td>60</td><td>56</td><td>53</td><td>50</td></tr>
<tr><td>26</td><td>96</td><td>92</td><td>88</td><td>84</td><td>80</td><td>76</td><td>73</td><td>69</td><td>66</td><td>62</td><td>59</td><td>55</td><td>52</td><td>48</td></tr>
<tr><td>25</td><td>96</td><td>92</td><td>88</td><td>84</td><td>80</td><td>76</td><td>72</td><td>68</td><td>64</td><td>61</td><td>58</td><td>54</td><td>51</td><td>47</td></tr>
<tr><td>24</td><td>96</td><td>91</td><td>87</td><td>83</td><td>79</td><td>75</td><td>71</td><td>68</td><td>64</td><td>60</td><td>57</td><td>53</td><td>50</td><td>46</td></tr>
<tr><td>23</td><td>96</td><td>91</td><td>87</td><td>83</td><td>79</td><td>75</td><td>71</td><td>67</td><td>63</td><td>59</td><td>56</td><td>52</td><td>48</td><td>45</td></tr>
<tr><td>22</td><td>95</td><td>91</td><td>87</td><td>82</td><td>78</td><td>74</td><td>70</td><td>66</td><td>62</td><td>58</td><td>54</td><td>50</td><td>47</td><td>43</td></tr>
<tr><td>21</td><td>95</td><td>91</td><td>86</td><td>82</td><td>78</td><td>73</td><td>69</td><td>65</td><td>61</td><td>57</td><td>53</td><td>49</td><td>45</td><td>42</td></tr>
<tr><td>20</td><td>95</td><td>91</td><td>86</td><td>81</td><td>77</td><td>73</td><td>68</td><td>64</td><td>60</td><td>56</td><td>52</td><td>48</td><td>44</td><td>40</td></tr>
</table>
</td><td>相对湿度的测得除了可以通过“干湿球温度刻度对照转盘”以外，还可通过查阅“温湿度对照表”（见左侧表）得到</td></tr>
</table>

续表

<table>
<tr><th>序号</th><th>图示</th><th>说明</th></tr>
<tr><td>5</td><td>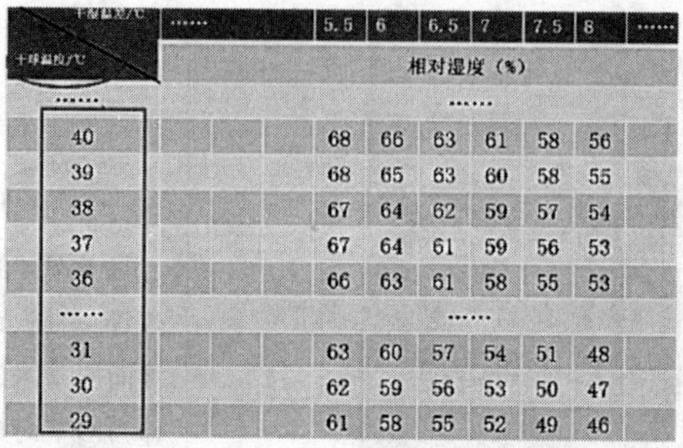
</td><td>测得干球温度值，找到左边纵列上干球温度的位置</td></tr>
<tr><td>6</td><td>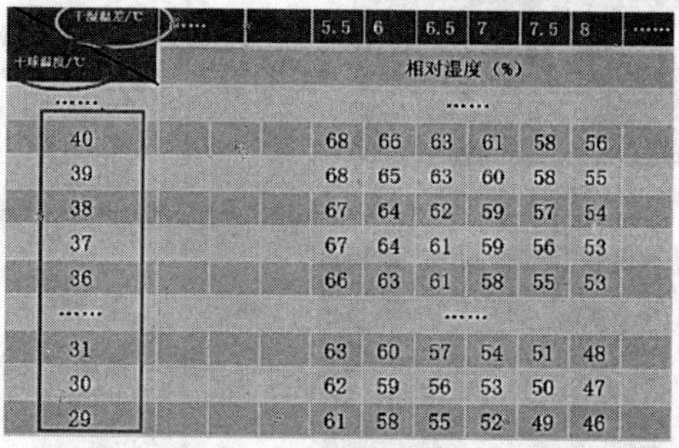
</td><td>测得湿球温度值，算得干湿球温差（干湿球温差＝干球温度－湿球温度），在表格最上端横列上找到干湿温差数值所对应的位置</td></tr>
<tr><td>7</td><td>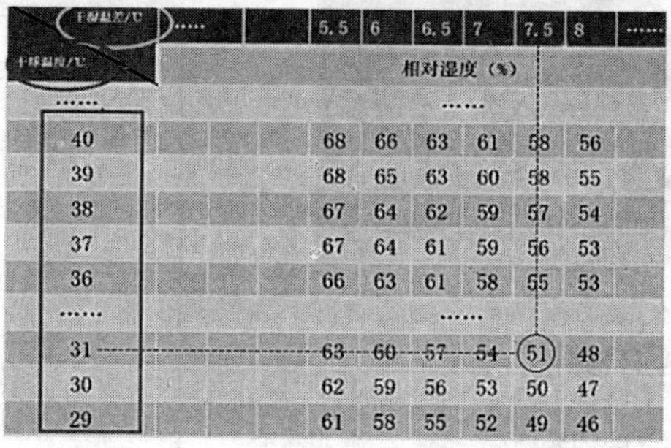
</td><td>横列数值与纵列数值交叉的点所对应的数值便是当时环境的相对湿度</td></tr>
</table>

3. 查表判定

组织学生根据上一步所测得的“温湿度值”，对比常见货物温湿度对照表，见表5—2，以表内对应货物的“安全温度”和“安全湿度”为参照值判定货物在当下温湿度是否适合存放。

若测得值高于表内值，证明当前温湿度不适合存放该货物，必须采取相应的措施；若测得值低于表内值，则证明当前温湿度暂时适合存放该货物，储存环境相对安全。组织学生讨论当前温湿度不适合存放该货物时需要采取的措施。

表 5—2　　常见货物温湿度对照表

种类	安全温度	安全相对湿度	种类	安全温度	安全相对湿度
麻织品	25℃	55%～65%	火柴	30℃以下	75%以下
丝织品	20℃	55%～65%	肥皂	−5～30℃	75%以下
毛织品	20℃	55%～65%	洗衣粉	≤25℃	70%以下
皮革制品	5～15℃	60%～75%	牙膏	−5～25℃	80%以下
布鞋	30℃	50%～75%	人造革	10～20℃	75%以下
橡胶制品	25℃以下	80%以下	干电池	−5～25℃	80%以下
金属制品	35℃以下	75%以下	打字蜡纸	−10～25℃	75%以下
竹木制品	30℃以下	60%～75%	纸制品	35℃以下	75%以下
塑料薄膜	−5～25℃	80%以下	卷烟	25℃以下	55%～70%
玻璃制品	35℃以下	80%以下	食糖	30℃以下	70%以下

课题二　防霉及除霉处理与控制

一、常见的易霉腐货物

常见的易霉腐货物都是以动植物为原料制成的，因为这些货物中有微生物生长所需的营养物质。在环境条件适宜的情况下，这些微生物便生长繁殖，造成货物的霉变和腐败。常见的易霉腐货物见表 5—3。

表 5—3　　常见的易霉腐货物

种类	图片	种类	图片
食品		纺织品	

续表

种类	图片	种类	图片
皮毛制品		竹木制品	
药品	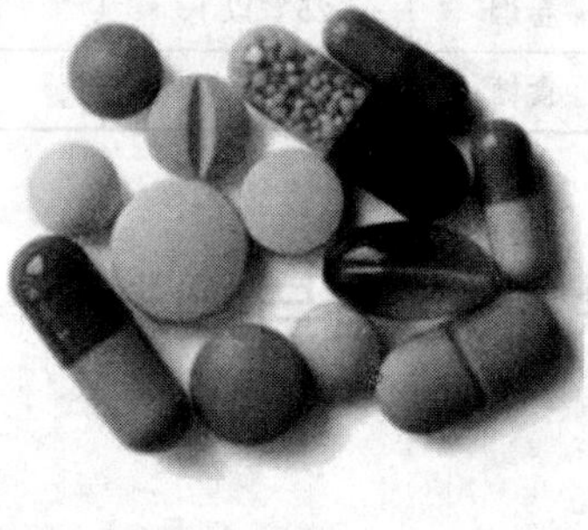	化妆品	

二、货物霉腐的过程

货物霉腐现象的产生不是一蹴而就的，它是在一定环境和其他因素的作用下渐渐发生变化的过程。了解货物霉腐的过程，从霉腐产生的各个环节入手，可以有效地抑制霉腐现象的产生。通常，货物霉腐会经历受潮、发热、发霉、腐烂、发出霉味等过程，如图 5—2 所示。

图 5—2　货物霉腐的过程

三、货物霉腐的主要因素

1. 内在因素

引起货物霉腐的因素中起决定作用的是内在因素。除了货物的结构形态、物理化学性质、机械及工艺性质等方面外，内在因素还包括以下几个方面：

(1) 货物中有霉腐微生物存在。

(2) 货物中有霉腐微生物能够利用的营养物质。

(3) 货物中含有足够的水分或容易吸水。

(4) 货物具有适当的酸碱度。

2. 外在因素

霉腐微生物虽然能从被污染的货物中获得营养物质，但其生长繁殖还必须有适宜的外在因素。货物发生霉腐的外在因素主要有以下几个方面：

(1) 水分

水是霉腐微生物生存、繁殖的重要因素。霉腐微生物所需水分来源于货物和空气中所含水分。货物必须有足够的水分，才会发生霉腐现象。仓库中的水分主要来自地表水蒸气的蒸发扩散和库外湿气的侵入。

货物发霉所需的湿度条件包括货物含水量和相对湿度两个方面。货物的安全水分因种类而异，部分货物的安全水分和相对湿度及部分霉菌的生长湿度要求见表5—4和表5—5。

表5—4　部分货物的安全水分和相对湿度

货物名称	安全水分	相对湿度
棉布	9%～10%	50%～80%
毛织品	9%～10%	50%～80%
皮鞋	14%～18%	60%～75%
卷烟	9%～14%	—
茶叶	10%以下	—
白砂糖	0.1%～1%	80%以上

表5—5　部分霉菌的生长湿度要求

名称	含水量要求	相对湿度要求
部分曲霉	13%	70%～80%
青霉	14%～18%	80%以上
毛霉、根霉、大部分曲霉	14%～18%	90%以上

(2) 温度

不同的霉腐微生物对温度的要求也不同。温度主要影响酶的活性，霉菌在25～28℃环境里，酶的活性最强，生长繁殖最旺盛。

（3）空气

部分霉菌生长需要充足的氧气，如果氧气很少或处于无氧状态，霉菌就难以生长。还有一些霉菌需要适量的氧气，过多过少对霉菌都不利。仓库背光处、死角、货堆之间的缝隙、破损包装箱和货物之间的空隙、货物本身之间的空隙和货垛下部等空气不易流通的地方最易生霉。

（4）仓储条件及操作

仓库基建设施不完善、下水管漏水、门窗密闭不严、屋顶墙体有裂缝等不良储存条件，以及仓储作业过程中的不规范操作都可能造成霉腐现象的发生。

四、货物霉腐的防治措施

货物的防霉工作必须贯彻“以防为主，防治结合”的方针，根据微生物的生理特性，采取适宜的措施进行防治。改善货物的组成结构和储运环境，使微生物难以生长，达到抑制和消灭微生物的目的。

货物霉腐的预防就是要消除适宜微生物生长发育的条件，达到防霉防腐的目的，常用的预防措施主要如下：

1. 加强仓库管理

选择合适的储存场所，加强仓库货物的入库验收，坚持货物的在库检查，严格仓库的温湿度管理，合理堆码、下垫隔潮物，并做好日常的清洁卫生工作。

2. 药物防霉腐

药物防霉腐是将化学药剂通过一定的方法和途径加到货物表面或内部，破坏和抑制霉腐微生物的细胞和新陈代谢活动，进而达到防止货物霉腐的目的。防腐剂一般有化学品防腐剂和食品防腐剂。防腐剂的使用必须适应货物的加工条件和应用环境，与货物其他成分有较好的相容性，不发生化学变化，不降低货物的性能，无色、无臭、挥发性低、无腐蚀性，原材料丰富且易于制造，在流通过程中的稳定性较好。

3. 气相防霉腐

气相防霉腐是指使药剂挥发出来的气体渗透到货物中，直接与霉腐微生物接触，杀死霉菌或抑制其生长繁殖，达到防霉腐的目的。气相防霉腐一般在密封的条件下进行，使用中要注意操作者的安全。

4. 气调防霉腐

气调防霉腐是指在密封的环境中，通过改变空气组成成分，降低氧气浓度，抑制微生物的生长繁殖，达到防霉腐的效果，有时还需要低温条件的配合。气调防霉腐可用于粮食、油料、水果、蔬菜、鱼类、肉类、茶叶等多种食物的保鲜。

5. 低温防霉腐

含水量大的商品尤其是生鲜食品多采用低温防霉腐的方法，一般可分为冷却(0～10℃)和冷冻（－30～－25℃）两种方法。

技能训练

2019 年 5 月 16 日，某商贸公司的一批茶叶在准备发货时，发现木托盘及货物的纸箱上“霉迹斑斑”，木托盘上无任何铺垫物，仓管员立刻对货物进行了检查，发现有靠墙邻近窗户的货物纸箱与托盘底面接触的一侧均存在发霉现象，托盘底下的木桩也有严重的发霉现象，一查库存记录，该批货物入库时间为 2018 年 8 月。这三箱茶叶基本报废，造成了严重的损失。请分析并制定“货物霉腐防治方案”。

1. 分组布置

班长根据班级情况进行分组，各组自选组长，并报授课教师。组长组织本组学生进行讨论，完成以下操作，制定“货物霉腐防治方案”，授课教师在旁边进行辅导。

2. 分析霉腐货物的类型及特征

根据任务描述，组织学生进行小组讨论，分析任务中涉及霉腐货物的类型及该货物的特征，填写表 5—6。组长对本组讨论结果进行汇总，并将汇总结果进行展示，各组间进行讨论汇总，授课教师进行指导点评。

表 5—6　霉腐货物类型及特征

第　　组	组长：
小组成员	
霉腐货物	
货物/类型	特征

3. 分析霉腐现象产生的内、外因素

根据任务描述，组织学生进行小组讨论，分析该货物产生霉腐的内在因素和外在因素，填写表5—7。组长对本组的讨论结果进行汇总，并将汇总结果进行展示，各组间进行讨论汇总，授课教师进行指导点评。

表5—7　　霉腐现象产生的内、外因素

第　　组	组长：
小组成员	
霉腐货物	
内在因素	外在因素

4. 分析霉腐货物的治理和预防措施

各组根据前面讨论的结果，分析任务中霉腐货物的治理和预防措施，填写表5—8，组长对本组的讨论结果进行汇总，并将汇总结果进行展示，各组间进行讨论汇总，授课教师进行指导点评。

表5—8　　霉腐货物的治理和预防措施

第　　组	组长：
小组成员	
霉腐货物	
治理措施	预防措施

5. 制定防治方案

根据前面完成的汇总结果，以小组为单位进行讨论，按照表 5—9 的格式分析制定“货物霉腐防治方案”，每组组长进行展示汇报，并上交方案，授课教师进行指导点评。

表 5—9　　货物霉腐防治方案

项目		内容
目的		为充分预防和治理霉腐提供导向
适用范围		工厂和仓库内所有货物的霉腐处理和控制工作
职责	品管部门	
	检验部门	
	仓储部门	
	霉腐控制人员	
	全体员工	
程序内容	货物霉腐处理措施	
	货物霉腐预防措施	
	检查与记录	

课题三　防锈及除锈处理与控制

一、金属锈蚀特征

金属锈蚀类型可通过锈蚀的分布状况、深浅、色泽、部位、形状等进行判定。金属的锈蚀类型及特征见表 5—10。

表 5—10　　金属的锈蚀类型及特征

材料	锈蚀类型	锈蚀表面状况	颜色
钢材	浮锈（轻）	呈较均匀细粉末	黄色（或淡红色）
	迹锈（中）	呈粉末状	红褐色
	层锈（重）	呈片状锈层或凸起锈斑	暗褐色
	水渍	受雨、海水侵蚀呈水纹印迹	灰黑色（或暗红色）
镀锌锡材	粉末锈	呈粉末状	白色（或灰色）
	破锡（锌）锈	呈水纹状暗印	白色
铜材	水纹印	呈水纹状暗印	褐色
	迹锈	呈不平（或平）水纹	黑色（或淡绿色）
	绿图锈	凸起成斑点或层状	深绿色
铝材	白浮锈	呈粉末状	白色
	白迹锈	有斑点或水纹	白色
	白重锈	凸起	白色

二、影响金属锈蚀的因素

1. 影响金属锈蚀的内因

（1）金属种类

一般来说，化学性质越活泼的金属越容易锈蚀。

（2）金属组成成分和结构

常用的金属设备通常不是由纯金属材料而是由某种金属和其他元素成分的合金制成的。金属中杂质对锈蚀的影响情况因杂质含量的不同有较大的区别。

（3）金属表面状态

一般表面粗糙度数值低的金属制品的耐腐蚀性较表面粗糙度数值高的金属制品好。

（4）金属表面镀层

不是涂了金属镀层就万无一失，也不是所有的金属镀层在任何情况下都能对金属起到保护作用。不能忽视对有镀层的金属制品的防锈除锈工作。

2. 影响金属锈蚀的外因

环境因素是影响金属设备锈蚀的外因，也是防止金属锈蚀的主要控制因素。主要的环境因素如下：

（1）空气湿度

空气湿度是影响金属锈蚀的重要因素，将相对湿度控制在临界湿度以下，就能有效防止锈蚀的发生。

（2）空气温度

一般情况下，温度的升高会加速化学反应的进行。保持环境温度相对稳定能够缓解锈蚀的发生。

（3）空气中氧气的含量

水分和氧气是导致金属在大气中锈蚀的主要原因，缺其一，金属就不会生锈。要做好金属的防水防潮，使氧气在金属锈蚀中“无计可施”。

（4）空气中的有害气体和杂质

空气中的污染物如烟尘、汽车尾气、灰尘等都会促使金属锈蚀。

三、金属防锈及除锈

1. 金属防锈措施

可以从管理和操作两方面进行金属防锈工作。管理层面要求选择适宜的存放场所，保持环境清洁干燥，做好温湿度控制；严格定期检查及清理，做好日常的养护工作；遵守作业规程，防止野蛮操作造成损坏。操作层面可以采用以下方法：

（1）涂油防锈

这种方法是在金属表面涂一层油脂，使金属货物在一定程度上与大气中的氧气、水分和其他有害气体隔离，达到防锈目的。防锈油一般有软膜防锈油、硬膜防锈油、油膜防锈油三种。该法属于短期防锈法。

（2）气相防锈

这种方法利用挥发性气相防锈剂在金属制品周围挥发出缓蚀气体，达到防锈的目的。该法适用于结构复杂，不易被其他防锈涂层保护的金属制品的防锈。

（3）可剥性塑料封存

可剥性塑料是以塑料为基体的一种防锈包装材料，一般在配方中加入矿物油、防锈剂、增塑剂、稳定剂及防霉剂等，可剥落，防锈期长，适用于钢、铁、铜、铝等金属。

2. 金属除锈措施

金属除锈措施大体可以分为人工除锈、机械除锈和化学除锈。

（1）人工除锈

人工除锈法及其适用情况见表 5—11。

表 5—11　　人工除锈法及其适用情况

除锈方法	图片	适用情况
钢刷法	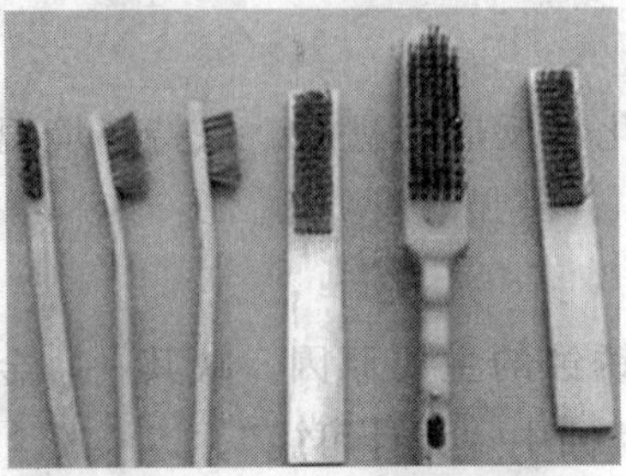	方法简单但费力，适用于结构简单、个体较大、数量不多的钢铁制品。完成后涂上防护油
砂布法		适用于处理表面精度要求不高或非加工的金属制品的锈蚀。完成后涂上防护油
铁锤刮刀法		适用于结构致密、较厚的黑皮与赤锈，或表面附有非锈物质的钢铁制品，刮除后再用钢刷除锈，效果较好。完成后涂上防护油
去污粉法		适用于生锈较轻的工具、仪器、机械零部件，通常用纱布蘸去污粉擦拭。完成后涂上防护油
煤油法		适用于一般精密仪器

（2）机械除锈

机械除锈具有效率高、省力、经济等特点，常用的机械除锈工具有喷砂除锈机（见图 5—3）、滚筒式除锈机（见图 5—4）、布轮除锈机（见图 5—5）、砂轮除锈机（见图 5—6）等。

图 5—3　喷砂除锈机

图 5—4　滚筒式除锈机

图 5—5　布轮除锈机

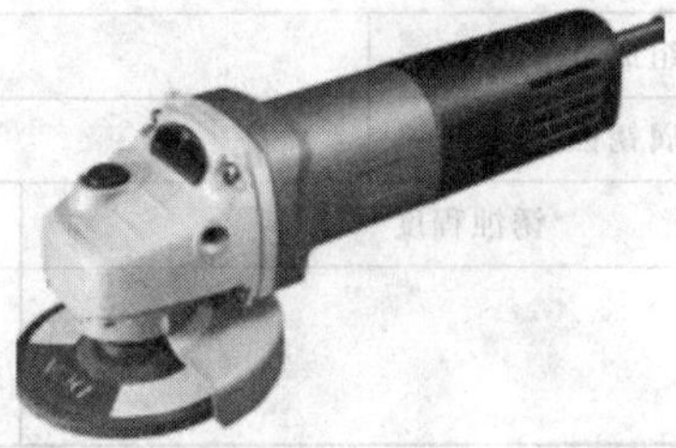
图 5—6　砂轮除锈机

（3）化学除锈

化学除锈是利用能溶解锈蚀物的化学品除去金属制品表面锈迹的方法。化学除锈法一般包括酸洗法、碱除锈法和电解酸洗法等，操作方便、设备简单、效率高、效果好，适用于大量小型金属制品的除锈。

技能训练

2019 年 6 月，某贸易公司有一批茶叶被国外客户退货，退货原因显示：茶叶中检测出块状铁锈物质。接到客户的通知，公司的质量监督部门立刻对该批货物进行了产品追溯，调查铁锈存在的原因。

由于装运及储存过程中，茶叶一直被包装在牛皮纸袋中，且据客户反映，产品的包装并未有破损，因此质量监督部门推断出现此次重大事故的原因只能在生产环节，于是对生产流水线进行了彻底的排查。果然发现其中一台机器的筛网由于没有及时更换不锈钢网罩，长时间使用的筛网有锈蚀现象。该公司在设备防锈除锈工作上的疏忽导致了严重的损失，请为该公司制定一份“金属防锈除锈治理方案”，为其提供一个安全的生产环境。

1. 分组布置

班长根据班级情况进行分组，各组自选组长，并报授课教师。组长对本组成员进行分工，并组织本组学生完成以下操作，授课教师在旁边进行辅导。

2. 观察金属锈蚀的特征

根据任务描述，组织学生进行小组讨论，分析任务中涉及金属锈蚀的程度及特征，填写表5—12。组长对本组讨论结果进行汇总，并将汇总结果进行展示，各组间进行讨论汇总，授课教师进行指导点评。

表5—12　　金属锈蚀的程度及特征

第　组		组长：
小组成员		
金属锈蚀		
锈蚀程度		锈蚀特征

3. 分析金属锈蚀产生的因素

根据任务描述，组织学生进行小组讨论，分析该货物中金属锈蚀产生的内在因素和外在因素，填写表5—13。组长对本组的讨论结果进行汇总，并将汇总结果进行展示，各组间进行讨论汇总，授课教师进行指导点评。

表5—13　　金属锈蚀产生的因素

第　组		组长：
小组成员		
金属锈蚀		
内在因素		外在因素

4. 分析金属防锈除锈的方法

各组根据前面讨论的结果，分析任务中金属锈蚀的治理和预防措施，填写表5—14，组长对本组的讨论结果进行汇总，并将汇总结果进行展示，各组间进行讨论汇总，授课教师进行指导点评。

表5—14　　　　金属防锈除锈措施

第　　组	组长：
小组成员	
金属锈蚀	
除锈措施	防锈措施

5. 制定防治方案

根据前面完成的汇总结果，以小组为单位进行讨论，填写表5—15，每组组长进行展示汇报，并上交方案，授课教师进行指导点评。

表5—15　　　　金属防锈除锈治理方案

项目		内容
目的		为充分预防和治理金属环境的锈蚀提供导向
适用范围		工厂和仓库内所有金属环境的防锈除锈工作
职责	基建部门	
	设备养护部门	
	生产部门	
	仓库	
	全体员工	

续表

项目		内容
程序内容	金属环境防锈处理措施	
	金属环境除锈处理措施	
检查与记录		

课题四　虫鼠害处理与控制

一、常见的仓库虫鼠

仓库虫鼠包括一切危害储存货物的昆虫和鼠类等。目前，全世界已定名的仓库害虫主要有 600 多种，在我国有记载的有 223 种之多。仓库虫鼠对于货物具有较大的破坏性，危害范围广，会严重污染仓库环境，损坏货物。

仓库虫鼠有较强的环境适宜能力，耐热、耐寒、耐干、耐饥，在较为恶劣的仓库环境下也能生存，食性广而杂，繁殖能力强，活动隐蔽，具有假死性、群集性，对温度、光线、化学药剂等外界环境的刺激有一定的趋向性，并进行周期性的节律活动。仓库虫鼠的这些习性使虫鼠害问题成为仓库管理的重点之一，特别是食品类仓库。

二、仓库虫鼠害的来源

仓库内虫鼠害的来源主要有以下途径：

1. 生产中潜伏

货物本身在生产加工过程中感染害虫，后续环节没有被发现。货物入库一般只注重数量及外观质量的检查，使携带虫鼠的货物进库。

2. 包装内隐藏

货物的外包装内藏有幼鼠、幼虫或虫卵，入库后，在一定温湿度环境的作用下，引发虫鼠害滋生，造成危害。

3. 运输途中感染

运输货物的运输工具没有清理干净，和携带有虫卵、幼虫或已生虫鼠的货物一起装载，使货物在运输过程中遭受虫鼠害的感染。

4. 验收过程中感染

验收过程中感染主要包括验收环境污染、验收作业不规范、验收工具污染三个方面。

5. 仓库环境滋生感染

仓库虫鼠害控制不规范、卫生状况不清洁，都会使仓库内存在大量虫鼠害隐患，仓库的门窗、地板、天花板、墙壁、梁、柱等建筑物的缝隙，以及仓库内的设施设备都可能潜藏虫、鼠及虫卵，在适宜的条件下滋生虫鼠害，感染库内的货物。

6. 仓库周边相互感染

仓库周边环境不清洁、虫鼠害严重，或是邻库卫生状况恶劣、虫鼠害严重，都会使本仓库的虫鼠害问题亮起红灯。

三、仓库虫鼠害的防治方法

仓库虫鼠害的防治应遵循“以防为主，防治结合”的方针，采用适宜仓库自身环境、条件的经济有效的综合方案。

1. 环境治理

环境治理的方向主要如下：

（1）保持库内环境的清洁卫生

制订仓库环境及内部设施设备的日清洁、周清洁及季度清洁计划，保持仓库环境的清洁干燥。控制库内的温湿度条件，抑制虫鼠生长繁殖。每天清除垃圾，保持垃圾桶干净并盖好桶盖。

（2）保持库内设备的清洁卫生

定期对工具进行清洁，闲置的设备应被清洁干净并盖上防尘罩，以避免死角成为虫鼠害滋生地。

环境治理要持久化、制度化，并对可能造成虫鼠害来源的环节进行经常性的检查，发现问题要及时认真处理。

2. 机械防治

机械防治主要是指通过人工或器械设备控制虫鼠害，它是较有效且环保的防治方法，包括人工防治和器械防治。

人工防治主要指在生产、运输、入库验收的过程中，通过人工操作各类机械设备，达到防治虫鼠害的目的。器械防治主要是通过各类设施设备达到预防和灭杀虫鼠的目的。常用的防虫鼠设备见表 5—16。

表 5—16　　常用的防虫鼠设备

设备名称	图片	设备名称	图片
粘鼠板	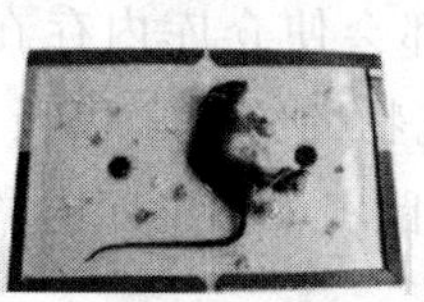	电子驱鼠器	
挡鼠板		灭蚊灯	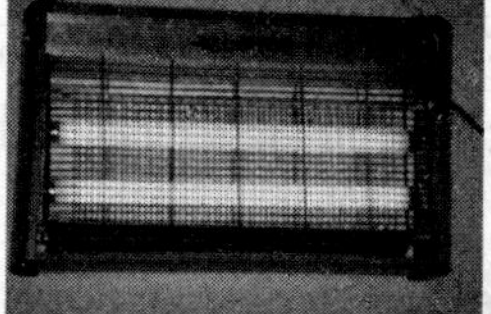

3. 药物防治

药物防治应该是仓库防虫鼠害措施中的下下策。药物使用不当会危害库内货物，对货物造成二度污染。常见的药物主要有趋避剂、熏蒸剂、杀虫剂、灭鼠剂等。使用药物防治必须明确药物的放置位置，保证药物挥发不会对货物造成危害，且一般要定点定时进行检查。

技能训练

某公司的仓库位于城郊，周边都是农田及农村居住区。2019 年 6 月，仓库管理员在检查仓库时发现食品仓库内 A1 货垛的货物外包装有破损现象，根据破损情况，经验丰富的仓库经理断定是老鼠所为。同时在仓库门口处还发现了蚊蝇的踪迹。鉴于食品仓库虫鼠害问题的严重性，公司领导立刻要求仓库经理制定仓库虫鼠害整治方案，进行仓库虫鼠害的处理与控制。请帮助该仓库制定“虫鼠害整治方案”。

1. 分组布置

班长根据班级情况进行分组，各组自选组长，并报授课教师。组长组织本组学生进行讨论，完成以下操作，制定“虫鼠害整治方案”，授课教师在旁边进行辅导。

2. 分析虫鼠类型及习性

根据任务描述，组织学生进行小组讨论，分析任务中涉及的虫鼠类型及生活习性，填写表5—17。组长对本组讨论结果进行汇总，并将汇总结果进行展示，各组间进行讨论汇总，授课教师进行指导点评。

表5—17　虫鼠类型及习性分析

第　组	组长：
小组成员	
虫鼠类型	生活习性

3. 分析虫鼠来源

根据任务描述，组织学生进行小组讨论，分析上一步得出的虫鼠类型，从而得出虫鼠出现的来源和途径，填写表5—18。组长对本组的讨论结果进行汇总，并将汇总结果进行展示，各组间进行讨论汇总，授课教师进行指导点评。

表5—18　虫鼠来源和途径

第　组	组长：
小组成员	
虫鼠类型	虫鼠来源和途径

4. 分析防治方法

各组根据前面讨论的结果，分析每类虫鼠的防治方法，填写表5—19，组长对本组的讨论结果进行汇总，并将汇总结果进行展示，各组间进行讨论汇总，授课教师进行指导点评。

表 5—19　　虫鼠害防治方法

第　组		组长：
小组成员		
环境治理	机械防治	药物防治

5. 制定整治方案

根据前面完成的汇总结果，以小组为单位进行讨论，填写表 5—20，每组组长进行展示汇报，并上交方案，授课教师进行指导点评。

表 5—20　　虫鼠害整治方案

项目		内容
目的		为充分控制虫鼠害提供导向
适用范围		工厂和仓库内所有虫鼠的控制工作
职责	品管部门	
	厂区虫鼠害控制人员	
	厂检部门	
	仓库	
	全体员工	
程序内容	工厂和环境	
	昆虫控制	
	鼠害控制	
	杀虫剂使用与管理	
	检查与记录	

思考练习题

1. 简述干湿球温度计的构造和测量原理。
2. 使用干湿球温度计时应注意哪些事项?
3. 温湿度的管理和控制有哪些方法?
4. 货物霉腐的内在因素和外在因素有哪些?
5. 简述货物霉腐的治理和预防措施。
6. 简述仓库虫鼠的来源和防治方法。
7. 金属锈蚀的内因和外因有哪些?
8. 简述金属防锈的措施。
9. 简述金属除锈的措施。